DANSER SUR UN VOLCAN

Du même auteur

Lettres béninoises, Albin Michel, 2014.
Réveillez-vous !, Fayard, 2012, réédition « Pluriel », 2013.
Après le déluge. La grande crise de la mondialisation, Perrin, 2009.
Crise, chaos et fin du monde. Des Mayas au krach de 2008 (avec Fabrice d'Almeida, Jean-Luc Domenach *et al.*), Perrin, « Tempus », 2009.
En route vers l'inconnu, Perrin, 2008.
Que faire ? Agenda 2007, Perrin, 2006.
Nouveau monde, vieille France, Perrin, 2006.
Aron : Penser la liberté, penser la démocratie, Gallimard, 2005.
Le Chômage, à qui la faute ? (avec Jean-Baptiste de Foucauld, Alain Minc et Alain Houziaux), Éditions de l'Atelier, 2005.
Comment va la France ? La grande enquête du Monde (avec Daniel Cohen et Jean-Paul Fitoussi), Éditions de l'Aube, 2004.
Dictionnaire d'histoire, économie, finance (avec Frédéric Teulon et Guillaume Bigot), Presses Universitaires de France, 2004.
La France qui tombe : Un constat clinique du déclin français, Perrin, 2003 ; réédition « Tempus », 2006.
Les Orphelins de la liberté, Perrin, 1999.
Les Trente Piteuses, Flammarion, 1995 ; réédition « Champs », 1998.
Raymond Aron, un moraliste au temps des idéologies, Flammarion, 1993 ; réédition Perrin, « Tempus », 2006.
L'Impuissance publique (avec Denis Olivennes), Calmann-Lévy, 1989 ; réédition « Points », 1994.
L'Invention du chômage (avec Robert Salais et Bénédicte Reynaud-Cressent), Presses Universitaires de France, 1986 ; réédition « Quadrige », 1999.
Raymond Aron, coll. « Qui suis-je ? », La Manufacture, 1986.

Nicolas Baverez

Danser sur un volcan

Espoirs et risques du XXIe siècle

Préface inédite

Pluriel

Couverture : Delphine Delastre
Illustration © serazetdinov / Shutterstock
ISBN : 978-2-818-50524-3
Dépôt légal : février 2017
Librairie Arthème Fayard/Pluriel, 2017

Pour Maurice Lévy-Leboyer,
qui combattit pour la liberté de la France
aux heures les plus tragiques du XXe siècle,
qui réinterpréta, en esprit non conformiste,
le cours original de son développement économique
et qui forma, en grand professeur,
une génération d'historiens.

« *Disrumpo, disrùpi, disruptum, disrumpere :*
briser en morceaux, faire éclater, rompre, détruire. »
Félix Gaffiot, *Dictionnaire latin-français*

« Se reposer ou être libre, il faut choisir. »
Thucydide, *Histoire de la guerre du Péloponnèse*

PRÉFACE
La grande peur des démocraties

Après la chute de l'Union soviétique, les démocraties ont cédé à l'illusion de la fin de l'histoire. L'effondrement du communisme a été confondu avec la victoire universelle et définitive de la liberté politique et du marché. Les leçons du XXe siècle ont été oubliées, qu'il s'agisse de la fausse paix de 1918, de l'impuissance face à la grande dépression et aux totalitarismes durant les années 1930 ou, à l'inverse, des efforts déployés avec succès après 1945 pour mettre en place un ordre mondial et un capitalisme plus stables.

Durant la dernière décennie du XXe siècle, la priorité a été donnée à la distribution des pseudo-dividendes de la paix. Dès lors que la victoire des démocraties était supposée acquise, rien n'a été fait pour élaborer un ordre de l'après-guerre froide. Il n'est pas jusqu'à la tragédie du 11 septembre 2001 qui n'ait renforcé cet aveuglement. Les États-Unis, tout au rêve de leur hyperpuissance, se sont engagés dans une embardée militaire qui s'est achevée par les défaites en chaînes d'Afghanistan et d'Irak, compromettant leurs capacités d'action, leur cohésion, leurs alliances et leurs valeurs. Simultanément s'est développée l'économie de bulles dont l'éclatement à partir de 2007 fut près de provoquer une déflation mondiale.

La mondialisation est ainsi entrée, depuis le début des années 2010, dans une dangereuse période de turbulences. Les forces d'intégration liées à l'universalisation du capitalisme et aux technologies sont battues en brèche par les mouvements centrifuges d'un monde multipolaire, traversé par des conflits de valeurs et de cultures irréductibles. Sur les ruines des idéologies du XXe siècle ont ressuscité les deux passions politiques qu'Alexis de Tocqueville jugeait les plus puissantes : le nationalisme et le fanatisme religieux. Et la mondialisation du capitalisme, loin d'entraîner celle de la démocratie, a été accompagnée par l'ascension aux extrêmes de la violence et l'émergence de nouveaux régimes politiques hostiles à la liberté : les démocratures.

L'État moderne a émergé en Europe à partir de la fin du XVIe siècle pour mettre fin aux guerres de religion. Inventé en France, l'État nation s'est généralisé avec pour responsabilité de garantir la paix civile à l'intérieur et de défendre la souveraineté à l'extérieur. Il a progressivement imposé son monopole dans l'exercice de la violence légitime. Les progrès de l'État de droit ont réduit fortement la violence à l'intérieur des démocraties. Les guerres mondiales du XXe siècle puis l'irruption de l'arme nucléaire ont conduit à un encadrement précaire mais bien réel de la guerre entre les États.

Ce sont ces quatre siècles chaotiques de limitation de la violence que le fanatisme islamique réduit à néant. Le djihad est une guerre de religion planétaire. Comme toute guerre de religion, il est d'abord une guerre civile, qui donne raison à Blaise Pascal pour qui « le pire des maux est la guerre civile ». La violence sort en effet de tout cadre quand elle est censée répondre à une injonction divine qui non seulement autorise mais exige le meurtre de masse. Elle se diffuse et se banalise dans le tissu social, utilisant la mondialisation et les réseaux sociaux. Elle n'est plus le privilège des armées mais cible et utilise en priorité les civils. Le front principal devient intérieur, créant au sein des démocraties une tension majeure entre l'exigence de sécurité et l'État de droit.

La guerre, de son côté, montre plus que jamais sa nature de caméléon, selon la définition de Clausewitz. Elle s'affranchit des limites qui lui avaient été fixées du temps de la guerre froide par les superpuissances et par l'équilibre de la terreur nucléaire. Après l'Afghanistan, qui n'a jamais connu la paix depuis l'intervention soviétique de 1979, aux côtés de l'Irak et du Sahel, la Syrie est exemplaire des conflits sans fin propres au XXIe siècle. Par leur complexité et leur caractère hybride, les conflits ne peuvent plus trouver de solution. Ils ne sont plus régulés par des superpuissances ou des blocs. Le but de la guerre n'est plus la paix mais la guerre elle-même. D'où une extension sans limite de la violence dans le temps comme dans les atrocités. Non seulement la violence n'est plus encadrée mais son caractère extrême, mis en scène sur les réseaux sociaux, devient une arme à part entière. Elle est affichée et revendiquée. La population civile n'est plus un acteur dont on recherche le soutien mais une menace à éradiquer. Le génocide n'est plus une aberration politique et une monstruosité morale mais une arme au service de la propagande.

La disparition des freins à la violence constitue un défi majeur pour les démocraties, dont force est de constater qu'elles ont accumulé les échecs stratégiques depuis 2000, qu'il s'agisse des États-Unis en Afghanistan et en Irak, d'Israël au Liban et à Gaza ou de la France en Libye. Les nations libres ne parviennent plus à gagner ni la guerre ni la paix, tout en rencontrant une fatigue croissante des opinions face au recours à la force armée compte tenu de ses résultats médiocres. Les conflits hybrides servent à l'inverse les démocratures, dont le principe repose sur la violence et qui disposent d'une capacité supérieure pour endurer et conduire des stratégies de long terme.

Les démocratures constituent un régime politique original qui se revendique comme plus stable, plus efficace et plus en prise avec le peuple que la démocratie. Elles se caractérisent par le culte de l'homme fort, par un populisme virulent qui mêle exaltation nationaliste et religieuse, par le contrôle de l'économie et de la société. Elles s'adossent au suffrage universel qu'elles manipulent par un vaste effort de propagande relayé par les médias et les réseaux sociaux. Elles reposent non pas sur une terreur de masse comme les totalitarismes du XXe siècle mais sur la répression ciblée de toute forme d'opposition politique. Elles récusent les libertés individuelles et l'État de droit dont le formalisme est opposé aux intérêts du peuple et de la nation. Elles font de la guerre civile et extérieure non pas le prolongement mais l'essence même de la politique.

Elles érigent et mettent en scène la violence comme principe de légitimité du pouvoir. Elles se définissent par opposition aux démocraties qu'elles désignent comme leur ennemi prioritaire.

Les démocratures sont aujourd'hui en pleine expansion. Elles regroupent la Chine de Xi Jinping, la Russie de Vladimir Poutine, la Turquie néo-ottomane de Recep Erdogan, l'Égypte du maréchal Al-Sissi, les Philippines de Rodrigo Duterte, le Venezuela chaviste mais aussi la Hongrie de Viktor Orban ou la Pologne de Lech Kaczynski qui théorisent la suprématie de la démocratie non libérale. Elles comptent avec la Chine la première économie du monde en termes de parité de pouvoir d'achat. Elles rassemblent des puissances qui entendent remodeler à leur avantage le système mondial, de la volonté de Pékin d'asseoir une domination exclusive sur la mer de Chine à l'annexion de la Crimée par la Russie et à ses interventions en Ukraine et en Syrie qui décrédibilisent les États-Unis et déstabilisent l'Europe, en passant par l'ambition de Recep Erdogan de reconstituer l'empire ottoman ou par le projet de « contre-révolution culturelle » porté par la Hongrie et la Pologne.

Le plus grand des périls qui menace les démocraties reste intérieur. Il découle de la démagogie dont Thucydide montra dans la Guerre du Péloponnèse comment elle provoqua la défaite militaire puis la destruction d'Athènes. Les nations libres paient aujourd'hui le prix fort pour l'avoir oublié. Face à la déflation, à la déstabilisation des classes moyennes, à la plus importante vague migratoire depuis 1945, au renouveau des menaces sur leur sécurité, elles renouvellent les erreurs tragiques commises dans les années 1930 : elles cèdent aux passions collectives au lieu de se moderniser et de s'unir.

Les populismes érigent la transgression en stratégie politique, récusant l'État de droit pour réhabiliter le nationalisme, le protectionnisme et la xénophobie. Leur succès s'enracine au cœur des deux nations qui incarnent la liberté politique : le Royaume-Uni par son histoire et sa stabilité, les États-Unis par leur puissance.

Le référendum sur le Brexit marque une rupture majeure dans l'histoire britannique non seulement par son résultat mais aussi par la violence de la campagne, qui a culminé avec l'assassinat de la députée travailliste Jo Cox. Il laisse le Royaume-Uni dans une impasse politique, économique et sociale qui remet en cause non seulement son modèle de développement mais aussi l'unité nationale, avec la menace de sécession de l'Écosse. Huit ans après la faillite de Lehman Brothers, l'élection de Donald Trump confirme le krach de la démocratie. Aux États-Unis comme au Royaume-Uni, les stratégies d'endiguement de la déflation et de relance ont été efficaces, permettant le retour de la croissance et du plein-emploi. Mais si les banques et les entreprises ont été sauvées, les hommes ont été perdus, livrés à la colère et au désespoir.

Au principe des victoires de Trump et du Brexit, on trouve une nouvelle guerre de classes en réaction à la mondialisation et aux menaces sur la sécurité. Elle mêle la déstabilisation de la classe moyenne du fait de la concurrence des pays du sud et de la révolution numérique, la croissance des inégalités entre les revenus et les générations, la peur d'une perte identitaire sous la pression migratoire, la révolte contre les élites et les institutions démocratiques. Le déni de réalité des dirigeants a encouragé le basculement des citoyens dans le mensonge et la démagogie.

L'année 2016 marque ainsi une rupture historique. Les États-Unis et le Royaume-Uni ont refermé l'ère libérale ouverte par Margaret Thatcher et Ronald Reagan. Leur modèle économique se trouve totalement redéfini par la fermeture des frontières et par le renouveau des interventions de l'État face au marché et à la société. Vingt-sept ans après la chute du mur de Berlin qui symbolisa le démantèlement des blocs et des frontières économiques, la démondialisation est en marche. Le libre-échange ne peut résister à la remontée massive des droits de douane, accompagnée de la rupture du pacte transpacifique et de l'arrêt du grand marché transatlantique. Simultanément, la dénonciation de l'accord de Paris sur le climat remet en cause le principe des négociations multilatérales. Comme dans les années 1930 après le vote du tarif douanier Smoot Hawley, le risque est très élevé de représailles qui fragmenteront le système économique. Sur le plan géopolitique, le monde devient beaucoup plus instable et volatil avec l'exacerbation des guerres commerciale et monétaire d'une part, la fragilisation de la garantie de sécurité des États-Unis à l'Europe face à la Russie et à l'Asie face à la Chine, d'autre part.

Les démocraties sont donc entrées dans une nouvelle ère dominée par les hommes forts, par la démagogie, par la recrudescence de l'instabilité et des risques. Et elles y entrent profondément affaiblies par la remise en cause de leurs principes : la limitation des pouvoirs, la modération de leur exercice, le respect de l'État de droit, l'attachement à la raison, le primat de la liberté.

Charles Péguy affirmait à juste titre que « la guerre contre la démagogie est la plus dure de toutes les guerres ». Le Brexit et l'élection de Donald Trump nous rappellent que la démocratie est mortelle et qu'elle est beaucoup plus fragile que ce que nous croyons. Le Royaume-Uni et les États-Unis ont perdu les premières batailles, mais les démocraties n'ont pas nécessairement perdu la guerre. Pour autant, la simple dénonciation des transgressions du populisme ne fait que le nourrir. Il est donc grand temps de s'attaquer aux causes du désarroi et de la colère des citoyens en imaginant un développement économique, des relations sociales et un environnement de sécurité soutenables.

Les démocraties doivent tout d'abord remédier à leurs dysfonctionnements : affirmation du leadership, remise en route des institutions, conduite de stratégies globales et de long terme, amélioration de la productivité par un effort d'investissement dans l'éducation et les infrastructures, lutte contre les inégalités et l'exclusion. Le système politique américain ne doit pas être réduit à la paralysie ;

il a vocation à être reconstruit, ce qui passe par la refondation des deux grands partis et par le changement des règles applicables aux campagnes, à commencer par leur financement. L'Europe doit également se redéfinir après le Brexit, qui a fait voler en éclat le dogme de l'irréversibilité de l'intégration du continent, tout en exprimant le malaise des citoyens et des peuples devant une construction où les procédures ont tué les valeurs et les projets.

Soixante ans après la signature du traité de Rome, l'Union européenne se trouve dans une situation critique. Longtemps, elle s'est faite par et avec les crises ; elle risque aujourd'hui de se défaire sous la multiplication des chocs. Elle doit se relancer ou elle se décomposera. Mais elle dispose aussi d'une responsabilité décisive. Elle constitue en effet la prochaine cible du populisme. Elle peut lui donner un coup d'arrêt ou lui abandonner le gouvernement du monde libre, prenant acte de la reddition des démocraties face aux démocratures et du déclin de la civilisation occidentale.

L'heure n'est plus à négocier de nouveaux traités ou à imaginer des constructions institutionnelles aussi sophistiquées qu'impraticables mais à produire des résultats. Et ce dans quatre domaines clés. Le premier changement doit porter sur la réorganisation de l'Union autour de trois cercles : le cœur de la zone euro ; les membres de l'Union hors monnaie unique ; les partenariats stratégiques avec le Royaume-Uni, la Russie ou la Turquie. La deuxième urgence concerne le lancement d'une Union pour la sécurité avec pour missions la lutte contre le terrorisme, la protection des infrastructures critiques et la reprise du contrôle des frontières extérieures. La troisième priorité concerne la zone euro où, après que la BCE a atteint avec les taux négatifs les limites de ses pouvoirs, les États doivent assumer leurs responsabilités en réalisant les réformes indispensables à la hausse de la productivité, en soutenant l'investissement et l'innovation, en engageant une convergence fiscale et sociale. Le dernier impératif concerne la jeunesse européenne, à laquelle il faut rendre confiance dans l'avenir en proposant à chacun soit un emploi soit une formation.

La force des démocratures et de l'islamisme découle avant tout des faiblesses et de la désunion des démocraties. Face au changement de nature et d'intensité des risques, face à la disparition des limites qui encadraient la violence, elles doivent impérativement réagir car la sécurité reste la condition première de la liberté. Elles doivent certes réarmer. Mais la priorité doit moins aller à la génération de forces et de technologies qu'à la coordination dans l'exercice des moyens de la puissance et à l'unité. La dissémination et l'emballement de la violence ne peuvent être contenus seulement par des moyens militaires. Les stratégies de sécurité ne peuvent être uniquement nationales mais impliquent une dimension globale. Dans l'esprit du plan Marshall, il faut remettre en cohérence l'action civile et militaire. À l'image des accords d'Helsinki, il convient de réarticuler la résistance aux menaces stratégiques et l'offensive pour gagner le cœur des citoyens et transformer les sociétés. Face à l'islamisme comme au soviétisme, il ne suffit pas de contraindre par la force, il faut savoir convaincre par les idées. Il faut retrouver foi dans la liberté.

La démocratie n'est ni finie ni vaincue, mais elle n'a pas davantage l'assurance de survivre aux chocs et aux risques du xxie siècle. La liberté, la prospérité et la paix ne sont pas données ; elles se méritent, elles se construisent et elles se défendent. Tout dépendra de la capacité des nations libres à s'adapter et se transformer. Et donc, ultimement, de la volonté et de l'engagement des citoyens pour faire prévaloir la réforme sur la violence, la raison sur les passions identitaires, la vérité sur le mensonge. En 1933, Roosevelt lança le New Deal en soulignant que « la seule chose dont nous devons avoir peur, c'est la peur elle-même ». Aujourd'hui, de nouveau, il est vital de faire le choix du courage et de l'action contre la peur.

INTRODUCTION

Penser l'impensable

> « Les problèmes du monde ne peuvent être résolus par des sceptiques ou des cyniques [...]. Nous avons besoin d'hommes capables d'imaginer ce qui n'a jamais existé. »
>
> John F. Kennedy

L'histoire n'est pas linéaire. Elle piétine ; puis elle accélère. Elle a pour moteur les crises, les guerres et les révolutions qui enterrent des civilisations pour en faire naître de nouvelles. Le génie des hommes d'État, des stratèges, des capitaines d'industrie ou des grandes figures de la pensée consiste à percevoir ces moments décisifs où l'histoire bascule. Mais aussi à les comprendre et à s'en saisir.

Nul ne peut douter que nous vivons l'une de ces périodes fascinantes et tragiques où le volcan de l'histoire entre en éruption. Le monde s'en trouve bouleversé, pour le meilleur et pour le pire. Le XXIe siècle voit l'humanité entrer dans l'âge de l'histoire universelle. Elle n'est nullement placée, comme on l'a cru un temps, sous le signe de la paix, de la liberté et de la prospérité perpétuelles.

De formidables progrès ont été accomplis en un quart

de siècle. Le décollage du Sud est devenu réalité, permettant à plus d'un milliard d'hommes de s'émanciper de la pauvreté. L'Afrique, longtemps jugée perdue pour la démocratie et le développement, se trouve enfin à l'aube de ses Trente Glorieuses. Les technologies numériques diffusent des gains de productivité sans précédent dans les services. La transition énergétique s'amorce grâce à la baisse de consommation de charbon. Le capitalisme mondialisé a conjuré le spectre d'une grande dépression pire encore que celle des années trente et s'engage dans une nouvelle mutation. Les premiers jalons d'une société civile et d'un ordre public planétaire pointent, qu'il s'agisse de la mobilisation de l'opinion à l'occasion de tragédies humanitaires ou de catastrophes naturelles, de la création d'institutions telles que le G20 ou de la coordination entre les banques centrales qui se sont imposées après la faillite de Lehman Brothers, de la lutte contre le réchauffement climatique.

Mais les signes de craquement et de rupture sont aussi nombreux et inquiétants. Les séquelles du séisme de 2008 perdurent avec une reprise qui peine à s'installer, un chômage de masse qui touche 210 millions de personnes, une montée incontrôlée de l'endettement public et privé qui dépasse 200 000 milliards de dollars et porte la menace de nouveaux krachs. La réduction d'un tiers des écarts de développement entre le Nord et le Sud depuis 1990 est allée de pair avec l'explosion des inégalités au sein de la plupart des nations. La montée en puissance des nouvelles classes moyennes au sein des pays émergents déstabilise celles du monde développé. Bousculées à la fois par la déflation et par la révolution numérique qui remettent simultanément en question leurs emplois, leurs revenus et leurs patrimoines, elles basculent dans le populisme. La restructuration du capitalisme mondialisé complique de surcroît la gestion de la crise écologique, en limitant les sources de financement disponibles.

Surtout, la géopolitique effectue un retour en force, avec son cortège sanglant de conflits et de violences. La fin des idéologies du XXe siècle – communisme, nazisme et fascisme – a libéré, du fait de l'inconséquence des démocraties, un vaste espace dans lequel se sont engouffrés nationalismes et fanatismes religieux. Les empires idéologiques ont disparu mais non les ambitions impériales portées par la Chine de Xi Jinping, la Nouvelle Russie de Vladimir Poutine, le rêve néo-ottoman de Recep Erdogan ou la constitution d'un Chiistan iranien sur les ruines du Moyen-Orient. Les États-Unis, de leur côté, cherchent à contrebalancer leur repli stratégique par la domination absolue de l'économie de l'Internet ainsi que de l'infrastructure financière et juridique de la mondialisation. Le naufrage des religions séculières a libéré les religions régulières et la dérive extrémiste de l'islam. La guerre froide s'est conclue pacifiquement par la victoire des démocraties mais la guerre chaude resurgit sous de multiples formes : guerre asymétrique du terrorisme, guerre civile mondiale du djihad, guerre des empires contre les nations, guerre cybernétique.

Les avancées comme les drames qui jalonnent l'avènement de cette histoire universelle partagent un point commun : ils déjouent notre imagination, nos schémas explicatifs, les institutions et les règles héritées du XXe siècle. Ils placent les dirigeants politiques en porte-à-faux, soulignant leur impuissance face à des événements qui défient les États. Ces États qui constituaient la pierre angulaire du gouvernement des nations comme du système international. D'immenses mutations bouleversent le capitalisme comme l'organisation des entreprises. La vitesse des changements déstabilise les sociétés comme les individus. Dans un monde incertain et volatil, sans institutions ni règles, privé de la réassurance d'une superpuissance comme le furent l'Angleterre victorienne pour le XIXe siècle ou l'Amérique impériale pour le XXe siècle, les surprises se multiplient.

Est-il possible qu'un pays développé voie son produit national amputé de plus d'un quart et son taux de chômage atteindre 28 %, sur fond d'une dette de près de 200 % du PIB, et ce en dépit de la plus importante restructuration financière de l'histoire du capitalisme ? Qui voudrait y croire ? C'est pourtant bien la situation de la Grèce qui a connu un ajustement d'une violence comparable à la crise des années trente, avec pour conséquence l'arrivée au pouvoir d'une coalition conduite par Syriza à l'extrême gauche, appuyée par le parti ultranationaliste des Grecs indépendants.

Est-il pensable qu'un pays européen prenne, en période de déflation, le risque d'une appréciation de 20 % de sa monnaie pour en préserver la valeur, garantir le patrimoine de ses citoyens et de ses entreprises, assurer la stabilité de ses classes moyennes ? L'expérience des années trente comme les enseignements du choc de 2008 condamnent sans appel ce type de stratégie. C'est bien cependant le choix qu'a effectué la Suisse en janvier 2015 en décrochant le franc de l'euro, monnaie jugée trop vulnérable du fait de l'assouplissement quantitatif lancé par la BCE, des incertitudes sur la réalisation des réformes indispensables et de la crise de la dette grecque.

Comment croire à la concomitance de pareils scénarios ? Est-il crédible que la quasi-totalité des producteurs se trouvent simultanément contraints de réinventer leurs modèles économiques en raison de la révolution d'Internet, sommés qu'ils sont de choisir entre des produits haut de gamme ou à bas coûts ? Une cyberattaque destinée à interdire la sortie d'un film ? Folie ! Pourtant, des groupes géants, à l'image de General Electric ou E-On, l'EDF allemand, abandonnent des pans entiers de leurs activités pour s'adapter au double choc des technologies de l'information et de l'énergie. Pourtant Uber, BlaBlaCar ou Airbnb bouleversent le secteur des taxis, des transports et du tourisme. Pourtant, les États-Unis ont lancé des représailles informatiques massives contre la Corée du Nord après qu'elle a ruiné l'architecture informatique du groupe Sony Pictures pour le dissuader de diffuser *The Interview*.

Est-il raisonnable d'imaginer que le marché de l'énergie soit révolutionné en quelques années par la technologie de la fracturation hydraulique ? En aucune façon. Pourtant, le formidable développement des hydrocarbures non conventionnels a permis aux États-Unis de redevenir le premier producteur mondial de pétrole et de reconquérir leur indépendance énergétique. Pourtant ils ont déclenché un contre-choc pétrolier qui a fait chuter le prix du baril de 115 à 35 dollars entre mi-2014 et fin 2015.

Est-il envisageable que l'Europe, qui a inventé les États-nations, voie certains d'entre eux menacés d'éclatement sous la pression des populismes et des séparatismes ? Aberrant. Pourtant, le référendum sur l'indépendance de l'Écosse a failli détruire le Royaume-Uni et il n'a préservé son unité qu'au prix d'un engagement à évoluer vers une structure fédérale. Dans le même temps, l'Espagne, l'Italie et la Belgique sont minées par les revendications indépendantistes de la Catalogne, de la Padanie et de la Flandre !

Est-il vraisemblable que la dynamique de l'intégration, qui a fondé la paix et la renaissance économique de l'Europe après la Seconde Guerre mondiale, se retourne ? Risible ! Pourtant le Royaume-Uni, sous l'impulsion de David Cameron et sous la pression du parti populiste UKIP, s'est engagé à organiser un référendum sur l'appartenance à l'Union qui risque de se solder par une sortie, laquelle donnerait le signal de départ à la désintégration du continent. Pourtant, la détestation de l'Europe est devenue le bréviaire des extrémistes de droite et de gauche qui ont conquis un siège sur cinq au sein du Parlement européen lors des élections de mai 2014.

Est-il concevable que la Russie post-soviétique sacrifie deux décennies dédiées au développement d'une classe moyenne, à l'ouverture et à la normalisation de sa situation internationale pour la reconstruction d'un empire fondé sur la domination des territoires et des populations russophones ? Absurde ! Pourtant Vladimir Poutine a pris la responsabilité d'une seconde guerre froide, plongé son économie dans une sévère récession, ruiné ses banques, contribué à effondrer le marché pétrolier dont dépendent la stabilité politique et le développement de son pays pour s'assurer le contrôle de la Crimée, provoquer la partition de l'Ukraine et contester les frontières orientales de l'Europe. Pourtant, il n'a pas hésité à intervenir militairement en Syrie pour voler au secours de Bachar al-Assad.

Est-il réaliste de penser qu'un groupe terroriste s'érige en État et prétende redessiner les frontières du Moyen-Orient ?

Qu'il prenne le contrôle de vastes territoires et de populations entières, qu'il gère des installations pétrolières et une banque centrale, qu'il se dote d'une capacité stratégique avec des forces combattant sur trois ou quatre fronts ? Qu'il aille jusqu'à étendre ses ramifications en Afrique et qu'il utilise les réseaux sociaux au service de la mondialisation du djihad ? Ridicule, assurément ! Ce sont les États qui instrumentalisent les terroristes et non les terroristes qui bâtissent des États ! Pourtant, l'État islamique, fort du vide politique et stratégique créé par la guerre civile syrienne et par le retrait des États-Unis du Proche-Orient, a conquis plus de la moitié de l'Irak et de la Syrie, exporte 2 milliards de dollars de pétrole par an, aligne une véritable armée, bien équipée et encadrée, et déploie une propagande mondiale qui rencontre de plus en plus d'écho au sein d'une partie de la jeunesse. Pourtant, il fait des émules au Liban, en Égypte, en Libye et jusqu'en Afrique de l'ouest où Boko Haram lui a prêté allégeance.

Est-il pensable que la rapidité de ces transformations conduise à des renversements d'alliances inédits et improbables ? Insensé ! Pourtant, la double menace de l'Iran et de l'islamisme a fait émerger au Moyen-Orient, en quelques mois, un axe entre l'Égypte du maréchal al-Sissi, Israël et l'Arabie Saoudite. Pourtant, un réchauffement des relations entre les États-Unis, la Russie, l'Iran et la Syrie se dessine. Pourtant, le renouveau du nationalisme au Japon de Shinzo Abe et les querelles des mémoires asiatiques autour de la Seconde Guerre mondiale conduisent à un rapprochement entre la Chine et la Corée du Sud. Pourtant, les États-Unis multiplient les renversements diplomatiques et normalisent leurs relations avec l'Iran ou Cuba sans craindre de désespérer leurs alliés traditionnels, à commencer par Israël et les monarchies du Golfe.

Est-il imaginable que des terroristes prennent pour cible un hebdomadaire satirique français ? Qu'ils déciment sa rédaction et toute une génération de dessinateurs de presse ? Que l'attentat provoque la plus grande manifestation de l'histoire de France, ouverte par quarante-quatre chefs d'État et de gouvernement, une mobilisation planétaire suivie en retour, dans le monde musulman, de manifestations émaillées par des destructions d'églises et des dizaines de morts ? Scénario extravagant ! Pourtant, c'est celui des attaques de janvier 2015 à Paris contre *Charlie Hebdo*, les forces de police et l'Hyper Cacher de la Porte de Vincennes. Peut-on croire que, dix mois plus tard, un nouvel attentat ensanglante Paris, faisant quelque cent trente morts et trois cent cinquante blessés, justifiant de déclarer l'état d'urgence sur l'ensemble du territoire français et provoquant la remise en question de facto des accords de Schengen ? Absolument invraisemblable ! Pourtant, la tragédie du 13 novembre 2015 est bien réelle.

Est-il concevable que l'Europe voie naître en quelques mois la plus importante vague de migrations depuis la Seconde Guerre mondiale et accueille plus d'un million trois cent mille personnes ? Que l'Allemagne prenne en charge en 2015 plus d'un million de réfugiés et une ville comme Berlin plus de mille personnes par jour ? Puis que la puissance du raz de marée contraigne Angela Merkel à fermer en catastrophe les frontières ? Cauchemar inepte issu d'esprits dérangés ! Cet exode inouï en provenance du Moyen-Orient et de l'Afrique se déroule pourtant sous nos yeux, provoquant la reconstruction de murs au cœur de l'Union européenne.

Tous ces événements, classés impensables, sont advenus pourtant, provoquant stupeur, sidération et angoisse. Tous ont pris à contre-pied les opinions publiques et les dirigeants des démocraties, soulignant leur impéritie et leur impuissance. Aucun d'eux toutefois n'est surprenant en lui-même. Mais tous nous ont surpris parce que nous sommes aveugles et que nous continuons à regarder le XXIe siècle à travers le prisme du passé.

Tous ces événements ont un point commun : la disruption (du verbe latin *disrumpere*, qui signifie faire éclater et détruire). En géologie, la disruption renvoie à la fracture entre des couches ou des roches. Dans le domaine de la physique nucléaire, elle désigne l'apparition brutale d'instabilités magnétiques. Les événements disruptifs se définissent ainsi par leur très faible probabilité de réalisation, leurs effets de propagation et de fragmentation, l'irréversibilité de leurs conséquences, toutes caractéristiques générant une incertitude radicale. Ils sont donc indissociables de bouleversements inattendus dans la hiérarchie des nations, dans la situation des entreprises ou le destin des individus. Tout montre que l'histoire du XXIe siècle sera placée sous le signe de la disruption, même si persiste l'illusion, aussi réconfortante que vaine, d'un retour au monde ancien.

Les signaux d'alerte ne manquèrent pourtant point. Nul n'avait prévu ni anticipé la chute pacifique du soviétisme à partir de 1989, les attentats du 11 septembre 2001, le réveil de la Chine – passée de la grande pauvreté à la position de première économie mondiale en 2014 en termes de parité de pouvoir d'achat –, ou encore le krach de 2008. Et pourtant, les démocraties continuent à vivre dans une triple illusion : illusion que ces événements étaient exceptionnels ; qu'ils relevaient d'une anomalie ; qu'ils se concluraient par un retour à la norme, c'est-à-dire au monde d'avant, celui où l'Occident pilotait l'histoire, même s'il n'en était pas l'acteur exclusif. La priorité fut donnée à la sanctuarisation du passé et aux dividendes du présent, non à la construction de l'avenir. Par là même, libre champ fut laissé non seulement aux oubliés et aux victimes des derniers siècles qui entendent prendre leur revanche, mais aux fanatiques et aux autocrates qui récusent la liberté et communient dans un même culte de la violence.

Bien des générations, notamment celles des guerres mondiales, ont eu le sentiment de vivre des épreuves et des temps sans précédent. Pourtant, les hommes furent rarement confrontés à autant de révolutions simultanées, engendrant une donne aussi radicalement nouvelle.

Pour les individus, les entreprises, les nations, les continents, deux options se dessinent face à ces chocs. La première est celle d'une adaptation vers le bas, qui se traduirait par une baisse de la valeur ajoutée, une montée de l'anomie, voire le chaos et un retour à « l'état de nature » après l'effondrement des États. La seconde consiste en une adaptation vers le haut tirée par l'innovation et la recherche, une meilleure répartition des richesses, le renforcement du lien social et de la citoyenneté, le progrès de la liberté et de l'État de droit.

Au sein de cette grande centrifugeuse qu'est l'histoire quand elle se met en mouvement, chacun doit faire son choix : de spectaculaires rattrapages sont possibles, des effondrements brutaux le sont aussi. Le dilemme est clair :

s'adapter ou être marginalisé. Une certitude : ce dilemme ne peut plus être dénoué par l'Occident seul ; il a perdu le monopole qu'il exerçait depuis la fin du XVe siècle sur l'histoire des hommes. Qui le remplacera est ce que nous ignorons. Les démocraties sauront-elles se réinventer pour continuer à faire vivre et défendre la liberté ? Auront-elles la sagesse de rester unies pour peser sur la stabilité d'un monde multipolaire ? Seront-elles supplantées par les nouveaux géants du Sud ou happées par le basculement d'un monde qui donne l'impression de danser sur un volcan ?

Leur capacité à se réformer pour affronter l'ère des chocs et des surprises en décidera.

I

La déchirure

> « Jamais les hommes n'ont eu autant de motifs de ne plus s'entre-tuer. Jamais ils n'ont eu autant de motifs de se sentir associés dans une seule et même entreprise. Je n'en conclus pas que l'âge de l'histoire universelle sera pacifique. Nous le savons, l'homme est un être raisonnable mais les hommes le sont-ils ? »
>
> Raymond Aron, *L'Aube de l'histoire universelle*

La mondialisation est l'esprit-principe du XXIe siècle. Elle marque une rupture historique majeure. Elle met un terme à la domination sans partage de l'Occident depuis les Grandes Découvertes qui inversèrent le rapport de force avec l'Orient et la Chine. Le paradoxe veut que sa prédominance disparaisse au moment où l'humanité entre dans l'histoire universelle au moyen du capitalisme et des technologies qu'il a inventés et développés. D'où l'effacement du leadership des États-Unis et la fin des superpuissances.

Un autre ébranlement fondamental provient de la déstabilisation des États. Ils ont perdu le monopole de la gestion du système international et de l'exercice de la violence légitime, qui en faisait la pierre angulaire de la vie des nations et de l'ordre mondial depuis les traités de Westphalie signés en 1648. Le contournement des États est désormais permanent. Contournement par le haut avec la gestation d'une communauté internationale qui se mobilise par crises, l'émergence d'un réseau d'institutions gérant les risques planétaires – à l'image des accords de coopération et de financement entre les banques centrales –, sans oublier le jeu des marchés.

Mais aussi contournement par le bas en raison de l'autonomie et de la mobilité des individus, de l'activité des entreprises, du dynamisme des régions et des métropoles qui nourrit les revendications séparatistes. Le régime total-capitaliste chinois lui-même ne parvient plus à contrôler une économie et une société en mouvement perpétuel. De plus, nombre d'États pèsent désormais non par leur ambition de puissance mais par leur effondrement, à l'image de l'Irak ou de la Syrie, de la Libye ou de la Centrafrique, du Mali ou de la Somalie.

Au total, ce sont les principes qui régissaient le système mondial depuis le XVIIIe siècle qui s'écroulent : émancipation des individus face aux sociétés d'ordre et du politique face au religieux et au marché ; séparation entre l'état civil interne aux nations face à un état de nature propre aux relations internationales ; compétence exclusive des États pour assurer l'ordre public face à la défense de la souveraineté.

Ces bouleversements restent largement ignorés en dépit de la multiplication des alertes. Au début du XXe siècle, ce furent les guerres balkaniques, les tensions franco-allemandes autour du Maroc, la victoire militaire du Japon contre la Russie en 1905 : le premier succès d'une nation asiatique sur un État européen de l'époque moderne fut très près de provoquer la chute du tsar Nicolas II.

De même que le choc de 2008 a rappelé que les crises étaient indissociables du capitalisme, il a remis la géopolitique au centre des débats. Nul n'a le droit d'oublier que l'acte de baptême du siècle est signé par les attentats du 11 septembre 2001 : ils ont provoqué un cycle de crises et guerres en chaîne dont le projet de restauration du califat porté par l'État islamique est le dernier avatar. Or cette logique est identique à celle de l'assassinat de l'archiduc François-Ferdinand d'Autriche-Hongrie à Sarajevo, le 28 juin 2014.

Un siècle après le déclenchement de la Grande Guerre, nous refusons de voir la similitude des dilemmes auxquels nous sommes confrontés. D'une part, un mouvement d'expansion du capitalisme avec le décollage de pays neufs : Japon, Russie, Turquie, Australie, Chili et Argentine dans les années 1900 ; les suivent les Brics puis la seconde vague des pays émergents dans les années 2000.

D'autre part, un cycle de croissance intensive tirée par une révolution technologique : pétrole, électricité, chimie, pharmacie, automobile au cours du XXe siècle ; réseaux d'information, données et biotechnologies dans les années 2000. Enfin la déstabilisation de l'ordre international par l'avènement de nouvelles puissances et la rivalité pour le leadership mondial : entre le Royaume-Uni et l'Allemagne au début du XXe siècle, entre les États-Unis et la Chine aujourd'hui.

Aujourd'hui, les hommes partagent la même histoire et la même planète tout en s'inscrivant dans des espaces et des temps très différents. Les États-Unis et la Chine rivalisent pour le leadership autour du Pacifique. Parallèlement, des séquelles du passé perdurent, de Cuba à la Corée du Nord en passant par le Venezuela. L'Asie prend des airs d'Europe du XIXe siècle, écartelée entre l'intensification des échanges et la radicalisation des nationalismes et des différends territoriaux, tandis que la Chine, la Russie, la Turquie, l'Iran réactivent des projets impériaux que l'on croyait caducs depuis les trois vagues de décolonisation du XXe siècle.

L'Afrique ? Elle décolle enfin et vit à l'heure du XVIIIe siècle, entre croissance économique, urbanisation, construction de l'État de droit et temps des Lumières. Le monde arabo-musulman, lui, reste enfermé dans une guerre de religion entre sunnites et chiites, donnant raison à Montaigne qui, devant les conflits religieux qui ravagèrent l'Europe du XVIe siècle, constatait qu'« une guerre étrangère est un mal bien plus doux qu'une guerre civile ». Angélique quant à elle, l'Europe veut croire qu'elle a dépassé l'histoire, en cultivant l'utopie de la paix perpétuelle par le désarmement ; elle rêve de la fin de la production et du travail grâce à la manne illimitée des États-providence et, pour finir, de l'arrêt du progrès avec l'avènement du principe de précaution.

Le destin tumultueux des Lumières

Le XVIIIe siècle fut dominé par quatre révolutions : démographique, avec la baisse de la mortalité grâce à la diminution des épidémies et des famines ; agricole et industrielle, avec la hausse de la productivité par tête de 25 % entre 1700 et 1750, l'irruption de la machine à vapeur et des premières machines à tisser ; intellectuelle, avec les Lumières ; politique, avec l'indépendance des États-Unis puis la

Révolution française. Le moteur fut la transformation des sociétés.

Aux États-Unis, l'émancipation des individus face à une administration britannique faible et rigide déboucha sur la construction de la première nation fondée sur les principes de l'égalité en droit des individus, de la séparation des pouvoirs et de la Constitution. En France, la modernisation de l'économie et le bouleversement de la société d'ordre se heurtèrent à la paralysie bureaucratique de la monarchie absolue.

L'Ancien Régime n'a pas été victime d'une réaction nobiliaire mais bien de l'incapacité de l'État à se réformer. Face à une société qui « était devenue trop démocratique pour ce qu'elle conservait de nobiliaire et trop nobiliaire pour ce qu'elle avait de démocratique[1] », face à une économie en plein décollage depuis 1750, la monarchie absolue cumula le despotisme mou, l'arbitraire et l'injustice fiscale. Elle conduisit méthodiquement l'État à la faillite avec un déficit budgétaire chronique de 3 à 4 % du PIB, une dette publique de 90 % du PIB, une charge des intérêts accaparant 60 % des recettes fiscales. Comme souvent, elle ne fit preuve d'autorité que pour écarter les réformateurs, de Turgot à Calonne, qui auraient pu la sauver.

La Révolution a télescopé d'un côté l'achèvement de l'État moderne centralisé dans le prolongement de la monarchie absolue et, de l'autre, sa dynamique propre marquée par la déchirure du corps politique et social ainsi que l'ascension aux extrêmes de la violence, depuis la dictature

1. François Furet, *Penser la Révolution française*, Paris, Gallimard, 1978, rééd. Folio, 2002, p. 237.

des comités jacobins et la Terreur jusqu'à la guerre contre l'Europe en passant par la Vendée. La France a ainsi exploré toutes les faces de la modernité, y compris les plus sombres ! La Terreur fait partie intégrante de la Révolution et la guerre a fini par en devenir le principe. Au passage cependant, elle a changé de nature. Aux conflits limités entre les monarques, la Révolution et l'Empire ont substitué, par le recours à la conscription, des guerres entre nations dont le but est l'anéantissement de l'adversaire.

Un homme à lui seul, Napoléon Bonaparte, mit fin à la Révolution. Bonaparte la couronna en achevant l'édification d'un État moderne, en instituant un gouvernement puissant tourné vers l'action, en inscrivant la culture de l'égalité dans la codification des lois. Napoléon la renia en rétablissant le pouvoir héréditaire tout en se définissant comme le monarque du peuple. L'Empereur poussa aux extrêmes le champ d'expérimentation de sa dynamique guerrière. De ses premières conquêtes à l'enrégimentement de la société jusqu'aux premières expériences d'une économie de guerre avec le Blocus continental, l'Europe fut transformée en un immense champ de batailles. Le stade suprême de la révolution permanente fut la guerre permanente. Elle s'acheva par la victoire de l'empire maritime britannique sur l'empire continental français, dénouant à l'avantage du Royaume-Uni la rivalité pour le leadership de l'Europe et de la révolution industrielle.

Le destin du XIXe siècle se déroula à l'ombre de la Révolution et du césarisme. Face aux bouleversements apportés par l'industrialisation et l'urbanisation, face à la poussée de la société démocratique, l'Europe chercha à restaurer la stabilité politique et sociale. Quelques principes y contribuèrent : l'équilibre entre les puissances établi par le Congrès de Vienne; l'exportation des aventures militaires vers les colonies; l'extension du suffrage universel; la constitution d'une classe moyenne et l'intégration progressive de la classe ouvrière. Ainsi fut désarmée, contrairement aux prédictions de Marx, la violence de la révolution industrielle. Et ce, grâce aux lois sociales dont restent emblématiques les premiers fondements de l'État-providence posés par Bismarck dès les années 1880.

Le Royaume-Uni, fort de la capitale de l'univers que devint rapidement Londres, de son empire et de sa flotte, fort aussi de sa suprématie commerciale et financière grâce à la City, s'érigea en garant de cette Europe libérale qui survécut jusqu'en 1914. Il réalisa le tour de force de circonscrire aussi bien les conflits nés de la construction des nations italienne ou allemande (guerres victorieuses de la Prusse contre l'Autriche-Hongrie en 1866, puis contre la France en 1870) que les révolutions conduites au nom de la démocratie (1830 et 1848 en France), de la justice contre la misère sociale (révolte des canuts lyonnais en 1831), ou du principe des nationalités (1848 en Europe).

Les premières fissures apparurent dès la seconde moitié du XIXe siècle. Sur un plan géopolitique, la constitution de la nation allemande créait un géant continental dont les ambitions étaient vouées à s'opposer au leadership du Royaume-Uni tandis que l'annexion de l'Alsace et de la Lorraine entretenait une volonté de revanche permanente en France. Dans le même temps, l'épicentre de l'économie industrielle basculait de l'Europe vers les États-Unis, qui, grâce à l'immigration et à la mobilisation des capitaux anglais, assuraient dès le début du XXe siècle 35 % de la production industrielle contre 15 % pour le Royaume-Uni. Et ce, en dépit de la terrible guerre de Sécession. Ce fut le premier conflit conduit au nom de principes démocratiques à s'adosser à la mobilisation de l'appareil industriel et à déployer des opérations à l'échelle d'un continent. Tous enseignements que les stratèges européens négligèrent malheureusement.

Marx ne commit pas cette erreur. Il saisit le lien entre industrialisation et internationalisation, soulignant que « la grande industrie fonde l'histoire mondiale en rendant chaque nation, chaque individu dépendants, pour la satisfaction de leurs besoins, du monde entier ». Mais l'essor de l'industrie et du commerce, loin de garantir la paix et la prospérité, bouleversait l'équilibre intérieur des nations comme les rapports de force entre les nations. Le libéralisme politique et économique trouva un redoutable adversaire avec le marxisme, organisé au sein de l'Internationale, qui opposa au capitalisme le messianisme révolutionnaire.

Les dernières décennies du XIXe siècle parurent donner raison à Marx. L'Europe subit une longue dépression, caractérisée par une baisse de 10 % de la production industrielle et une interminable chute des prix agricoles. Le ralentissement comportait trois causes principales : la transition démographique et l'arrivée à maturité de la demande pour les produits de la première révolution industrielle ; une crise financière liée aux excès spéculatifs autour des chemins de fer et des opérations immobilières engendrées par l'urbanisation ; enfin l'irruption des pays neufs, États-Unis mais aussi Russie, Japon, Turquie, Australie et Argentine.

La déflation trouva une issue économique dans les innovations de la deuxième révolution industrielle, le redressement des prix agricoles et les lois sociales solvabilisant la demande, l'assouplissement progressif du protectionnisme et le développement des mouvements de capitaux qui fondèrent la prospérité de la Belle Époque. La reprise de la croissance n'empêcha cependant ni l'exacerbation des sentiments nationalistes en Europe, ni les conflits entre pays émergents et c'est ainsi que la défaite de la Russie face au Japon marqua un premier signal du réveil de l'Asie en même temps qu'une esquisse du scénario révolutionnaire de 1917.

La Grande Guerre, matrice du XXᵉ siècle

La Grande Guerre reste unique. Non par ses causes car, contrairement aux prophéties de Lénine, elle ne fut pas le fruit de l'impérialisme économique mais d'une dynamique politique au croisement de nombreux phénomènes : la démultiplication des moyens de destruction autorisés par la société industrielle ; l'exacerbation des sentiments nationalistes ; la rivalité croissante pour le leadership entre le Royaume-Uni et l'Allemagne autour du contrôle des mers, entre l'Allemagne et la France autour des colonies, entre l'Autriche et la Russie autour des Balkans. Et enfin, la mécanique diplomatique des alliances. Mais sa durée et son intensité donnent en revanche à la Grande Guerre une dimension unique : l'ampleur des pertes et des destructions a exclu toute paix de compromis et n'a laissé pour issue que l'anéantissement de l'ennemi. Le dénouement portait en lui la liquidation de la civilisation de l'Europe du XIXᵉ siècle qui était libérale dans ses institutions et sa culture, capitaliste dans son économie, bourgeoise dans ses principes et confiante dans les progrès de la science et dans la légitimité de sa mission civilisatrice. La brutalisation des sociétés et le déchaînement de la violence ont enfanté les totalitarismes, renversant le lien entre la société, la révolution et la guerre.

Au XVIIIe comme au XIXe siècle, le mouvement des sociétés est premier ; les révolutions découlent de l'incapacité des États à se réformer pour acclimater le changement. Au XXe siècle, la guerre domine et devient totale. Elle engendre la mutation et l'extension de l'État, qui absorbe l'économie et mobilise la société par la propagande. Elle arme le mécanisme des chocs économiques majeurs par l'immensité des déséquilibres qu'elle creuse. La mort de masse (plus de neuf millions de morts et vingt millions de blessés parmi les combattants, neuf millions de morts civils) ensauvagea les sociétés européennes, légitima le recours à la violence en politique intérieure, emporta les digues élevées pour l'encadrer[1].

La politique et l'économie sont redéfinies comme la guerre poursuivie par d'autres moyens. Les idéologies de la classe et de la race s'engouffrèrent dans le vaste espace ouvert par les hécatombes et par la désintégration des sociétés. Le cycle infernal de l'inflation puis de la déflation, en ruinant les classes moyennes, acheva de détruire le socle des nations libres. C'est l'effondrement de la société qui fournit le terreau dans lequel prirent racine le communisme, le fascisme et le nazisme. Et c'est l'impossibilité de trouver des compromis à l'intérieur des nations comme au plan international – à l'image du dramatique échec de la conférence de Londres en 1933 qui ruina l'ultime chance d'une sortie concertée de la dépression – qui fit d'une nouvelle guerre mondiale la seule issue à la crise de 1929.

1. Thérèse Delpech, *L'Ensauvagement*, Paris, Grasset, 2005.

Car, tout comme le premier conflit mondial, la crise des années trente marqua la fin d'un monde. Elle dressa l'acte de décès du capitalisme libéral. Le krach de 1929 demeure la référence ultime pour ce qui est de l'éclatement des bulles spéculatives. Il demeure inégalé par la réaction en chaîne qui transforma une panique boursière à Wall Street en récession aux États-Unis puis en déflation mondiale, mais aussi par l'immensité des pertes et de la misère sociale qu'il entraîna, par ses conséquences géopolitiques enfin. La déstabilisation des démocraties a nourri les totalitarismes et a contribué à la prise du pouvoir par Hitler dans une Allemagne dévastée par le chômage, en même temps qu'elle a renforcé le prestige du stalinisme et qu'elle a galvanisé les projets d'expansion du Japon militariste.

Le ravage des sociétés par la guerre et par la déflation laissa le champ libre aux religions séculières, qui transférèrent la foi à l'ordre politique et social, divinisant la classe pour le communisme, la race pour le fascisme, la nation pour les régimes militaristes. Tout en se réclamant de principes antagonistes, les régimes totalitaires partageaient en réalité une nature commune. Tous érigèrent une doctrine politique en vérité suprême qui divisait le monde en croyants et en infidèles ayant vocation à être liquidés ; tous fusionnèrent le parti et l'État ; tous communièrent dans le culte de la personnalité ; tous soumirent l'économie et la société à un strict contrôle de l'État ; tous développèrent un appareil de répression démesuré dont la clé de voûte était un vaste système concentrationnaire qui broya des centaines de millions d'individus. Tous adoptèrent pour horizon la guerre, qui fut érigée en principe d'organisation et de mobilisation de la société. Ainsi la volonté forcenée des religions séculières d'ériger un homme nouveau fit, selon la formule de Bernanos, que « le paradis terrestre est devenu le paradis des bêtes ».

Mais tout ne se confond pas pour autant. Si la Première Guerre mondiale fut un événement monstrueux qu'aucun dirigeant politique n'avait imaginé ni voulu, la Seconde fut le résultat méthodique de l'entreprise hitlérienne de conquête d'un espace vital et de construction d'un empire asservissant les races dites inférieures. La guerre gagna de nouveaux territoires et s'émancipa de toute limite. Les progrès de l'industrie et de la science lui donnèrent une intensité inédite, avec pour point d'orgue les frappes atomiques sur Hiroshima et Nagasaki. Le théâtre des opérations devint réellement planétaire avec l'attaque de l'URSS par l'Allemagne nazie en 1941 puis celle des États-Unis par le Japon à Pearl Harbor. Enfin la distinction entre militaires et civils s'effaça définitivement avec les bombardements stratégiques des villes, les déportations de masse, les camps d'extermination et le génocide, qui appliqua les méthodes de la production industrielle à la mise à mort de six millions de Juifs. L'Allemagne hitlérienne explora ainsi tout le potentiel de la guerre totale avant d'être broyée par elle.

Cette guerre ne pouvait s'achever que par une victoire totale, actée par la capitulation sans condition de l'Allemagne nazie puis du Japon. Mais les Alliés de 1945 n'étaient unis que par la lutte à mort engagée contre les forces de l'Axe. Le pacte germano-soviétique avait prouvé que l'hostilité des totalitarismes était relative et qu'ils pouvaient s'accorder, au moins momentanément, contre les démocraties. En partageant le monde en zones d'influence, Yalta avait jeté les bases de la victoire contre le nazisme en même temps que de l'affrontement futur entre l'Union soviétique et les démocraties. La défaite de l'Allemagne nazie accouchait de la partition de la planète et de la soviétisation de la moitié de l'Europe.

Ainsi naquit l'ordre bipolaire de la guerre froide, dominé par les deux superpuissances et dont le principe régulateur devint l'équilibre de la terreur nucléaire. C'est paradoxalement l'irruption de la bombe nucléaire qui, par ses effets irréversibles, finit par réintroduire entre les États-Unis et l'Union soviétique, sous la forme de la dissuasion, un principe de limitation de la guerre. L'Europe fut le premier théâtre de cet affrontement. Une Europe dont la division était symbolisée par celle de l'Allemagne. Une Europe qui, après la décomposition de ses empires coloniaux, était passée en moins d'un demi-siècle d'une domination exclusive de la planète au statut d'enjeu de la rivalité des supergrands de la guerre froide.

Le conflit irréductible entre les démocraties et le totalitarisme, entre les nations et les empires s'acheva en 1989. La plupart des révolutions du XXe siècle furent mises au service du totalitarisme – de Lénine à Mao ou Fidel Castro –, du despotisme ou de la théocratie – dans le cas de l'Iran en 1979. La révolution de Velours déclenchée par la chute du mur de Berlin en 1989 fait exception. Elle se distingue par la faible intensité de la violence, mise à part l'ex-Yougoslavie, et par sa finalité : la liberté des peuples. L'URSS s'est écroulée de l'intérieur, en quelques semaines, avec la disparition de la foi et de la terreur qui en composaient le ciment. Son effondrement donna naissance à la troisième grande vague de décolonisation du XXe siècle. Les peuples asservis retrouvèrent leur souveraineté et l'Europe son unité. Les répliques du séisme furent mondiales, entraînant une poussée de la démocratie en Asie, en Amérique latine et en Afrique, où le choc contribua à la fin négociée de l'apartheid en Afrique du Sud.

La dialectique de l'histoire universelle

C'est la disparition de l'Union soviétique qui a donné un formidable coup d'accélérateur à la mondialisation. Loin d'uniformiser les peuples et les cultures, elle mêle l'universalisation des techniques de production et l'exacerbation des sentiments identitaires, pour le meilleur mais aussi pour le pire. La fin des idéologies du XXe siècle a rendu leur vitalité à deux types de passions collectives que l'on croyait à tort appartenir au passé : la religion et le nationalisme.

La religion a été réhabilitée comme principe d'organisation et de mobilisation politique et sociale. L'islam en est emblématique qui, via le djihad et le terrorisme, entend promouvoir une révolution mondiale à partir de la refondation du califat au Moyen-Orient. Par ailleurs, les décombres du communisme ont laissé le champ libre au nationalisme et à l'impérialisme. Ils furent au cœur des guerres de l'ex-Yougoslavie qui, dans les années quatre-vingt-dix, provoquèrent les premières opérations militaires d'ampleur sur le continent européen depuis 1945 ainsi que la réouverture de camps de concentration. Ils inspirent la dérive autoritaire de la Hongrie de Viktor Orbán. Ils soutiennent les nouvelles ambitions de puissance des grands émergents, qu'il s'agisse de la Chine et de la Russie, de la Turquie ou de l'Iran, qui entrecroisent passions nationaliste et religieuse.

Tous ces bouleversements ont dégagé de formidables espaces pour la guerre et la violence, y compris dans les démocraties, entraînées par les États-Unis depuis 2001 dans un cycle de guerres en chaîne. Loin d'être exclue, la probabilité de conflits et de violences majeurs au XXIe siècle est élevée, et ce pour quatre raisons. Sur le plan géopolitique, la Chine fait irruption et entend disputer le leadership mondial aux États-Unis, en prenant pour premier enjeu le contrôle du Pacifique. Sur le plan stratégique, on assiste à la multiplication des acteurs de la violence – notamment les organisations terroristes et criminelles –, à la prolifération des armes de destruction massive et à l'ouverture de nouveaux espaces de confrontation, comme la dimension cybernétique. Sur le plan politique, la faiblesse des démocraties a aggravé la puissance des passions religieuses et nationales. Sur le plan moral enfin, tout principe de limitation de la violence est balayé – Nietzsche affirmait avec raison, à l'aube du siècle des idéologies : « Dieu est mort : tout est permis. » L'ère de la mondialisation proclame le contraire : Marx est mort, Dieu est vivant, la violence illimitée est non seulement autorisée mais recommandée puisqu'elle est sainte.

L'histoire universelle place ainsi les hommes du XXIe siècle devant des dilemmes inédits. Comment réguler le capitalisme universel et éviter que ses crises n'échappent à tout contrôle alors que des défis sans précédent apparaissent : la poursuite de la croissance en période de transition démographique et de vieillissement accéléré de la population mondiale ; l'impératif d'un développement durable, moins inégalitaire et plus respectueux d'un environnement fragilisé ; les risques de bulles spéculatives planétaires ; la capacité des blocs monétaires et commerciaux à nouer des compromis pour éviter un krach des échanges et des paiements mondiaux ? Comment encadrer la dynamique de la violence et le déchaînement des passions communautaires, tout en endiguant la désintégration du corps politique et social, notamment au sein des nations libres ? Comment stabiliser le système multipolaire sans réassurance d'une superpuissance, ni consensus sur les principes d'un ordre international ? Comment reconnaître le statut des nouvelles puissances émergentes alors que certaines contestent le principe même d'un ordre international jugé inféodé à l'Occident ?

Les démocraties abordent cette nouvelle ère avec un triple déficit. Déficit de leadership. Déficit de stratégie. Déficit de solidarité. Les États-Unis peinent à s'extirper des guerres perdues d'Irak et d'Afghanistan et à s'adapter à leur nouveau statut de puissance relative et non plus absolue. L'Europe est en plein déclin, menacée par les fléaux de la déflation, du terrorisme et du populisme. La classe moyenne, socle des nations libres, pourrait être broyée par la faiblesse persistante de la croissance, la révolution numérique et la remise en question des États-providence. Ceci explique l'élargissement de la crise en malaises identitaires et en troubles politiques, avec un doute croissant sur la légitimité et l'efficacité des institutions démocratiques. Les partis populistes s'engouffrent dans cette brèche, aggravant les maux qu'ils dénoncent. Face à la résurgence des menaces intérieures et extérieures, les démocraties sont sur la défensive, agissant trop peu et trop tard comme elles le firent durant la crise financière de 2008. Cédant à la dynamique de la peur, elles se replient sur elles-mêmes et font étalage de leurs désaccords, entre les deux rives de l'Atlantique comme au sein de l'Europe.

Au temps de la guerre froide, George Orwell appelait à résister au mensonge des idéologies en ces termes : « Dans des temps de tromperie généralisée, le seul fait de dire la vérité est un acte révolutionnaire. » Il faut cesser de se voiler la face et regarder l'histoire du siècle qui nous attend telle qu'elle est et non telle que nous voudrions qu'elle soit. Les révolutions, les guerres et les crises en restent les premiers moteurs, déterminant les facteurs et les rapports de puissance. La liberté, la prospérité et la paix ne seront pas données mais rudement conquises par la volonté, le travail et l'engagement, armé le cas échéant. Car la possibilité que le XXIe siècle se révèle plus meurtrier et fanatique que le XXe est bien réelle.

II

La revanche de l'Histoire

« La trajectoire de l'histoire n'est pas celle d'une boule de billard qui, une fois déroulée, parcourt un chemin défini : elle ressemble plutôt au mouvement des nuages, au trajet d'un homme errant par les rues, dérouté ici par une ombre, là par un groupe de badauds ou une étrange combinaison de façades, et qui finit par échouer dans un endroit inconnu où il ne songeait pas à se rendre. »

Robert Musil, *L'Homme sans qualités*

Le nouveau siècle inaugure l'histoire universelle sous le signe d'une tragique illusion. Le grand malentendu est né de l'effondrement aussi inattendu que pacifique de l'Union soviétique en 1989. Il est bien vrai qu'il a clos le temps des grandes guerres conduites au nom des idéologies, mais sa liquidation ne débouche pas nécessairement sur la paix.

L'expansion planétaire du capitalisme fournit le moteur de la mondialisation. La révolution des technologies de l'information assure son infrastructure. Mais l'attention exclusive portée à la conquête du monde par le capitalisme puis à la grande crise provoquée par l'effondrement des bulles spéculatives qui l'ont accompagnée a fait oublier les révolutions et les guerres qui tissent la trame de l'histoire. Les chocs économiques ont masqué la résurgence des passions collectives. L'obsession envers la guerre économique et monétaire a occulté la guerre tout court, alors qu'elle effectuait un retour en force, y compris dans la vie des nations démocratiques.

Les aventures de la mondialisation

Loin d'être finie, l'histoire s'emballe. Les 7,2 milliards d'hommes qui cohabitent en 2015 partagent le capitalisme mondialisé et sont unis par les technologies de l'information. Ils obéissent pourtant à des principes et des systèmes de valeur antagonistes. À l'ordre bipolaire de la guerre froide succède un système multipolaire et chaotique. Les ambitions de puissance sont partout et le leadership nulle part. Le conflit entre démocratie et totalitarisme cède la place à la confrontation violente des sentiments identitaires, des cultures, des fois religieuses.

Les guerres, les révolutions et les crises n'ont nullement disparu ; elles mutent. La guerre échappe au monopole des États, elle se diversifie dans ses acteurs, avec la privatisation de la violence ; dans ses formes, qui vont du terrorisme à la convergence des guerres civiles et internationales, et dans ses dimensions, avec le cyberespace. Les révolutions ne sont plus guidées par les idéologies mais par le renouveau des nationalismes et des religions. Le basculement du capitalisme vers le Sud et les pressions déflationnistes vont de pair avec une compétition débridée entre les États pour capter la croissance potentielle et les emplois.

La mondialisation ne s'est pas imposée spontanément ; elle a une histoire. Elle est née en 1979, au croisement de plusieurs événements que rien ne semblait alors relier. La Fed, sous l'impulsion de Paul Volcker, modifia sa politique monétaire et engagea la désinflation ; Margaret Thatcher, arrivée au pouvoir, inaugura les politiques de libéralisation et le démantèlement de la régulation keynésienne qui domina les décennies d'après-guerre ; Jean-Paul II débuta son apostolat avec la fameuse injonction « N'ayez pas peur ! » qui contribua à emporter le communisme. L'invasion de l'Afghanistan marqua le début de la fin de l'Union soviétique. La chute du Shah et la révolution iranienne actèrent la renaissance de l'islam politique et de la théocratie. Pour finir, le lancement des quatre modernisations par Deng Xiaoping enclencha le cycle des Trente Glorieuses de la Chine.

La chute du mur de Berlin et de l'Union soviétique en 1989 déboucha sur un âge d'or, aussi miraculeux que précaire. L'automne des peuples et la désintégration des économies planifiées ouvrirent la voie à l'universalisation du capitalisme. Elle fut portée par l'ouverture des frontières, l'extension des mécanismes de marchés, la vague des innovations induites par les technologies de l'information. Cette décennie décisive vit la réintégration de la Chine, de l'Inde, de la Russie, du Brésil, et aussi de l'Afrique dans les échanges mondiaux. L'expansion de la démocratie et du marché a nourri en même temps les illusions sur la fin de l'histoire, la disparition des cycles ou l'hyperpuissance des États-Unis.

L'année 2001, marquée par les attentats du 11 septembre et le krach des nouvelles technologies, sonna le glas de cet âge d'or et des utopies qu'il avait encouragées. Les forces de chaos ont resurgi, réduisant les forces d'équilibre portées par le marché et les technologies. La dynamique de violence et de peur enclenchée par le terrorisme ouvrit un nouveau cycle guerrier. Le dérèglement d'une politique monétaire trop accommodante de la Fed, sous la présidence d'Alan Greenspan, l'inflation des bulles spéculatives, l'aggravation des écarts de compétitivité et des déséquilibres entre les nations épargnant pour investir et exporter (comme la Chine ou l'Allemagne), et celles qui s'endettaient pour consommer et importer (comme les États-Unis, la France, le Royaume-Uni ou l'Espagne), provoquèrent une cascade de chocs toujours plus dangereux, depuis le défaut de l'Argentine et l'éclatement de la bulle de la nouvelle économie en 2001 jusqu'au krach de 2008.

La faillite de Lehman Brothers fut au capitalisme universel ce que fut le 24 octobre 1929 au capitalisme libéral. La mondialisation triomphante reposait sur quatre principes : un modèle de croissance intensive fondé sur les exportations des nations émergentes et la consommation à crédit des pays riches ; le développement accéléré de la finance, lié à la démultiplication du levier de la dette, avec pour corollaire le déplacement du partage de la valeur ajoutée en faveur du capital ; une régulation parcellaire et principalement exercée au niveau national ; enfin la réassurance des chocs par les États-Unis, comme lors des krachs de 1987, 1997 et 2001 ou de la crise asiatique. Ces piliers se sont fissurés dès la fin des années quatre-vingt-dix, avant de s'effondrer à partir de l'été 2007.

Le risque d'écroulement du système financier ranima, dans ce contexte, le spectre d'une grande déflation comparable à celles des années 1930. Les États-Unis, épicentre du séisme, se découvrirent paralysés économiquement et politiquement. La mobilisation de tous les instruments de la politique économique a cependant permis de conjurer le risque d'une dépression planétaire qui aurait cassé la dynamique de la mondialisation. Et ce grâce aux leçons théoriques et politiques tirées de la crise des années trente, qui soulignaient que, face à une déflation par la dette provoquant un effondrement du crédit, trois priorités s'imposaient : sauver les banques en les recapitalisant et en les restructurant; soutenir l'activité par la baisse des taux d'intérêt, par l'émission massive de liquidités et par la relance des dépenses publiques; écarter le protectionnisme et privilégier une stratégie coordonnée entre les grandes puissances.

Ces recommandations furent mises en œuvre avec succès, notamment grâce à la création du G20. Un plan planétaire de sauvetage des banques fut engagé – à hauteur de 17 000 milliards de dollars! – sous forme d'injection de capital, de garanties, de financement de structures de défaisance. De vastes mesures de relance d'inspiration keynésienne furent mises en œuvre de manière simultanée par les grands pôles de l'économie mondiale, représentant 40 % du PIB des pays développés et de la Chine. Les banques centrales, à l'exception de la BCE jusqu'au revirement effectué par Mario Draghi, adoptèrent une stratégie de taux zéro voire négatifs tout en utilisant tous les moyens, y compris non conventionnels, pour créer de la monnaie. La Fed devint ainsi le premier détenteur de titres de la dette américaine et dilata son bilan qui, au pic de la crise, atteignit 40 % du PIB des États-Unis. Enfin, la poussée du protectionnisme fut endiguée. Au sein du G20, dix-sept États ont eu recours à des mesures de restriction des échanges et les dévaluations compétitives ont fait florès, des États-Unis aux pays émergents. Les dispositifs de protection n'ont cependant touché que 3 % du commerce mondial et ont été concentrés dans quelques pays, tels la Russie, le Brésil ou l'Argentine. Au total, le libre-échange et l'ouverture des frontières ont plié sans rompre.

L'action coordonnée des grandes nations, notamment lors du G20 de Londres en 2009, a réussi in extremis à enrayer la déflation. Après une sévère récession de plus de 3 % cette année-là, l'économie mondiale a renoué avec une croissance de l'ordre de 3 % par an et une reprise du commerce international. Seule l'Europe a connu une brutale rechute à partir de 2011 en raison de la crise des risques souverains qui manqua emporter l'euro.

Le capitalisme universel a donc surmonté la récession. Cependant, il est loin d'être sorti de crise. L'activité se rééquilibre entre les mondes développé et émergent, entre industrie et finance. Mais la reprise a été enclenchée par la création monétaire, le crédit et le réamorçage des bulles. Dans les pays développés, la dette publique atteint 120 % du PIB (contre 75 % en 2008) ; en Chine, les dettes privées culminent à 220 % du PIB contre 130 % en 2008. Au plan mondial, le stock des dettes représente trois fois le PIB de la planète. La menace de la déflation continue à peser avec une hausse des prix limitée à 2 % au plan mondial. Un chômage de masse s'est installé qui touche 210 millions de travailleurs, déstabilisant la classe moyenne des pays développés et la jeunesse. D'où l'apparition d'une génération sacrifiée dont le seul choix réside entre le chômage et l'exil. Les inégalités ont fortement augmenté. Tout cela nourrit les mouvements populistes et extrémistes.

En bref, l'économie mondiale a quitté le bloc opératoire mais reste en réanimation, placée sous respiration artificielle par les flots de liquidités déversés par les banques centrales. La vérité est rude : la sortie de crise s'étendra sur deux décennies et ne sera effective qu'avec la normalisation des politiques monétaires, le désendettement des États et le retour au plein-emploi. Elle sera d'autant plus difficile qu'il n'existe plus de puissance capable de diriger l'économie mondiale.

Comme dans l'entre-deux-guerres, le système des échanges et des paiements mondiaux se trouve écartelé. D'un côté, une ancienne puissance dominante – aujourd'hui les États-Unis, hier le Royaume-Uni – qui entend prolonger son leadership, notamment monétaire, sans disposer des moyens économiques de le garantir. De l'autre, une puissance émergente – aujourd'hui la Chine, hier les États-Unis – qui privilégie son développement et refuse d'assumer sa part du fardeau pour gérer et stabiliser le système économique. Contrairement à l'Allemagne du début du XXe siècle, la Chine a compris que l'empire émergent n'avait pas intérêt à la guerre mais à la stabilité du système. Pour autant, elle n'entend pas en payer le prix et continue à donner la priorité à ses seuls intérêts de puissance à travers son expansion en mer de Chine et le projet des Nouvelles Routes de la Soie en Asie et dans l'océan Indien.

Dépression économique, surpressions politiques

La mondialisation se trouve donc à un tournant. Le blocage reste possible, comme le prouve le début du XXᵉ siècle qui vit une remarquable phase de prospérité percutée par la rivalité des nationalismes et ruinée par la Grande Guerre. Ce n'est que dans la décennie quatre-vingt que le degré d'ouverture des principaux pays développés retrouva le niveau du début du siècle. Les mêmes risques planent aujourd'hui compte tenu de la résurgence du protectionnisme, de l'emballement des passions collectives et de la radicalisation des conflits.

La mondialisation a résisté à la plus grave crise du capitalisme depuis la Grande Dépression des années trente mais elle en sort profondément bouleversée. Le cycle de haute croissance tiré par l'économie d'endettement et le rattrapage des pays émergents laissent la place à un régime de basse pression. L'activité se rééquilibre entre pays du Nord et du Sud. Le capitalisme en sort profondément transformé. Le principe d'ouverture des frontières cède devant la constitution de pôles régionaux unis par des accords commerciaux bilatéraux. Les États tentent de reprendre la main sur les marchés, en organisant une vaste répression via la fiscalité et la réglementation, alors qu'ils n'ont jamais été aussi dépendants d'eux pour assurer leur financement. La finance cède le pas devant les nouveaux entrepreneurs. La révolution numérique n'épargne aucun secteur et remet en question les modèles économiques. La protection de l'environnement s'impose à tous les niveaux, de la consommation des ménages à la production qui s'émancipe du carbone en passant par les régulations publiques.

Parallèlement renaissent des risques stratégiques majeurs. L'ordre bipolaire de la guerre froide fondé autour de la fameuse maxime de Raymond Aron « paix impossible, guerre improbable », avait été profondément ébranlé par les chocs pétroliers, la défaite des États-Unis au Vietnam, la poussée soviétique en Asie et en Afrique, la révolution iranienne qui ramenait la religion au premier rang de l'histoire. Alors que les plaies ouvertes par la crise de 2008 sont loin d'être cicatrisées, le monde du XXIe siècle, uni par le capitalisme mondialisé et connecté en temps réel, se découvre en même temps déchiré par une succession de fractures majeures.

La première source de violence découle bien sûr de la guerre de religion mondiale lancée par le fondamentalisme islamique. Elle emprunte des formes multiples : affrontement entre sunnites et chiites qui remodèle la carte et les alliances du Moyen-Orient, remettant en cause les États et les frontières hérités des accords Sykes-Picot de 1916 ; émergence d'un État islamique sur les décombres de l'Irak et de la Syrie, provoquant des répliques au Liban, en Égypte, en Libye et au Nigeria ; constitution d'un vaste arc terroriste qui se déploie du golfe de Guinée à l'Afghanistan, mettant à profit les révolutions avortées du monde arabo-musulman et la multiplication des États effondrés ; multiplication des attentats dans les démocraties, de Paris à Copenhague en passant par Sydney ou San Bernardino, Ottawa ou Peshawar. Le terrorisme islamique n'est pas qu'une menace asymétrique, il est un acteur stratégique qui met en ligne tous les vecteurs et les moyens de la violence, de la constitution d'États à l'action d'individus isolés en passant par la mobilisation de masse sur les réseaux sociaux.

Les ambitions de puissance ne sont pas en reste. En Asie, la Chine de Xi Jinping, forte de l'acquis de ses Trente Glorieuses, rompt avec la diplomatie du profil bas de Deng Xiaoping pour affirmer sa puissance et prendre l'avantage sur des États-Unis affaiblis. En Europe, le renouveau de l'impérialisme russe a dynamité le système de sécurité du continent mis en place après 1989 avec l'annexion de la Crimée et la tentative de partition de l'Ukraine par l'organisation de la guerre civile. L'assassinat de Boris Nemtsov confirme dans le même temps la régression politique de la Nouvelle Russie de Vladimir Poutine qui s'éloigne de plus en plus de la démocratie pour renouer avec une forme d'impérialisme qui ne se confond pas pour autant avec le totalitarisme soviétique.

Le grand désarroi

Face à la multiplication d'événements aussi spectaculaires qu'imprévus, l'Occident, États-Unis en tête, se découvre désarmé. Les démocraties, sans l'avoir aucunement anticipé, sont engagées sur un double front. Un front intérieur dessine d'abord les réformes à conduire. Une réforme des modèles économiques et sociaux est rendue nécessaire par le ralentissement de la croissance, le vieillissement, les nouvelles technologies. Il faut intégrer les jeunes, les minorités musulmanes et la vague de réfugiés venus du Moyen-Orient et d'Afrique. La révision des institutions est exigée par la fragmentation du corps politique et social ainsi que la perte de légitimité des dirigeants. Un front extérieur apparaît ensuite avec le bouleversement chaotique d'un système international où s'entrecroisent les ambitions des nations du Sud, les revendications des empires, les menaces de l'islamisme. Le couple infernal du ralentissement économique et de la remontée des risques géopolitiques prend de court les démocraties. Elles sont particulièrement mal préparées à cette nouvelle donne, manquant à la fois de leadership, de volonté et de souplesse face aux bouleversements du monde.

La démesure impériale qui s'est emparée de l'Amérique dans les années quatre-vingt-dix et qui s'est emballée après les attentats du 11 septembre 2001, tant sur le plan économique, avec les bulles financières, que sur le plan militaire, a profondément affecté sa puissance tout en accroissant les risques mondiaux. En 2008, la menace de déflation ne fut pas jugulée par les États-Unis, qui se sont trouvés tétanisés par l'effondrement du crédit et le vide d'une administration Bush aux abois, alors qu'ils avaient piloté toutes les crises depuis 1945. Elle fut conjurée, grâce à la création du G20, par l'engagement d'un plan de relance keynésien et de sauvetage des banques à l'échelle de la planète. Un plan dans lequel les pays émergents – à commencer par la Chine – jouèrent un rôle majeur.

L'économie américaine a largement surmonté la crise et restauré sa compétitivité ; mais le système politique est miné par la paralysie de ses institutions, par la dérive populiste du Tea Party qui ruine la culture du compromis, par le retour en force de l'isolationnisme. Les États-Unis peuvent encore user du privilège du dollar, de leur impérialisme juridique et financier, de leur domination technologique pour relancer leur économie. Mais ils ne peuvent plus réguler le capitalisme mondial. Ils restent la seule puissance stratégique globale, ils ne peuvent plus ni gagner la guerre, comme l'ont montré les défaites d'Irak et d'Afghanistan, ni imposer la paix, comme le prouvent le dépècement de l'Ukraine par la Russie, l'intervention militaire israélienne à Gaza, le chaos qui s'installe en Syrie et en Libye, ou encore la percée de Téhéran et de Moscou au Moyen-Orient.

L'Europe, pour sa part, cède à la tentation de sortir de l'histoire, et ce au moment où ses anciennes colonies la réinvestissent, avides de prendre leur revanche. Un siècle après la catastrophe de 1914, elle n'est plus menacée par une grande guerre ou par les rivalités pour le leadership mondial mais par le vide. Vide de population avec la chute de sa démographie qui a pour pendant les vagues de migrants. Vide de croissance et d'emploi avec le risque de déflation. Vide d'investissement et d'innovation. Vide stratégique avec un désarmement unilatéral contrastant avec la montée des menaces – de la Russie à la spirale violente et chaotique qui embrase le Proche et le Moyen-Orient, sans oublier le terrorisme intérieur. Vide de puissance et de politique avec une double crise des nations et de l'Union européenne.

Le grand désarroi des démocraties résulte tant de la nouvelle donne de la mondialisation que du sentiment d'impuissance des dirigeants et des citoyens des nations libres. Pour agir, il faudrait faire l'effort de penser et d'analyser le monde tel qu'il est et non tel qu'on souhaiterait encore pouvoir le rêver ! Or, depuis 1989, règnent la paresse et la démagogie. Nous avons cédé à la séduction des idées simples qui se sont révélées autant d'idées fausses, plutôt que d'affronter la radicale nouveauté des temps et de nous remettre en question. Keynes rappelait à juste titre que « la difficulté n'est pas de comprendre les idées nouvelles mais d'échapper aux idées anciennes». Alors qu'il fallait innover, on s'est contenté de remettre au goût du jour de vieux principes. Alors qu'il fallait intégrer la complexité des espaces et des temps, on a cultivé le manichéisme et cherché à raviver les oppositions binaires du temps de la guerre froide.

Ainsi l'utopie d'une fin de l'histoire marquant l'avènement définitif de la démocratie de marché, développée par Francis Fukuyama[1], a été réduite en cendres par les attentats du 11 septembre 2001. La théorie d'une terre plate et sans frontières, popularisée par Thomas Friedman[2], est démentie par la multiplication des conflits territoriaux en Asie, en Europe et au Moyen-Orient. La fin du travail, annoncée par Jeremy Rifkin[3], a correspondu à l'universalisation de l'économie de marché et à l'intégration en deux décennies d'un milliard de travailleurs supplémentaires dans la production et les échanges mondiaux. Sa prédiction d'une mort du capitalisme[4], en raison de l'éviction de la propriété par les modèles collaboratifs, est tout aussi erronée. Le capi-

1. Francis Fukuyama, *The End of History and the Last Man*, New York, Free, 1992; *La Fin de l'histoire*, Paris, Flammarion, 1992, rééd. Champs, 1993.

2. Thomas L. Friedman, *The World is Flat : A Brief History of the Twenty-first Century*, New York, 2005 ; *La terre est plate : une brève histoire du XXIe siècle*, Paris, Perrin, 2007.

3. Jeremy Rifkin, *The End of Work : The Decline of the Global Labor Force and the Dawn of the Post-Market Era*, New York, Tarcher, 1994 ; *La Fin du travail, Ou comment l'Europe se substitue peu à peu à l'Amérique dans notre imaginaire*, Paris, La Découverte, 1996.

4. Jeremy Rifkin, *The Zero Marginal Cost Society*, New York, MacMillan Publishers, 2014 ; *La Nouvelle Société du coût marginal zéro, L'internet des objets, l'émergence des communaux collaboratifs et l'éclipse du capitalisme*, Les Liens qui libèrent, 2014.

talisme ne disparaît pas ; il mute de la forme actionnariale, qui a émergé dans les années quatre-vingt avant d'exploser, en 2008, vers une forme entrepreneuriale et partenariale. De même, l'hydre d'une stagnation centenaire brandie par Larry Summers ou Paul Krugman ignore délibérément les puissants moteurs de la croissance que sont la montée des nouvelles classes moyennes du Sud, la révolution numérique, la transition écologique ou l'économie des seniors.

Seul le choc des civilisations imaginé par Samuel Huntington[1] semble saisir en partie l'esprit des temps nouveaux marqué par le réveil de l'islam, sa dérive violente et la menace qu'il représente pour la liberté. Huntington a eu l'immense mérite de rappeler l'importance des passions religieuses et de la géopolitique, en refusant les mirages d'un triomphe de la démocratie et du marché après la chute de l'Union soviétique. Les attentats du 11 septembre 2001, les guerres perdues d'Irak et d'Afghanistan, l'irruption de l'État islamique et d'un djihad mondialisé lui donnent en partie raison. Mais en partie seulement. Le principe d'une guerre entre les religions qui succéderait aux conflits entre nations du XIXe siècle et entre idéologies du XXe, est faussé par une vision déterministe de l'histoire. L'islam est lui-même divisé par la lutte à mort que se livrent sunnites et chiites. L'hypothèse d'une alliance entre le monde arabo-musulman et le monde asiatique contre l'Occident se révèle infondée, la lutte contre l'islamisme étant l'un des rares champs d'accord entre les démocraties, la Chine, la Russie et l'Inde. Par

1. Samuel Huntington, *The Clash of Civilizations and the Remaking of the World Order*, New York, Simon & Schuster, 1996 ; *Le Choc des civilisations et la refonte de l'ordre mondial*, Paris, Odile Jacob, 1997.

ailleurs, la renaissance du facteur religieux ne constitue que l'une des fractures d'un univers multipolaire et complexe, marqué avec force par le retournement du monde en faveur du Sud, le regain des nationalismes, le réveil des empires, l'autonomie croissante des entreprises, des individus et des sociétés face aux États.

Une erreur cardinale nous menace : elle consiste à vouloir penser l'histoire universelle à partir de schémas anciens niant la pluralité des acteurs, la complexité des interrelations et l'ampleur des disruptions. Les démocraties sont des régimes conservateurs qui réagissent avec retard aux bouleversements historiques. Dans l'entre-deux-guerres, elles ont payé fort cher pour n'avoir pris la véritable mesure ni de la nature du krach de 1929 ni de la menace des régimes totalitaires. Aujourd'hui, de même, le déni prévaut. La maxime de Winston Churchill n'a jamais paru aussi juste, qui rappelle qu'« il faut prendre l'événement par la main avant qu'il ne vous saisisse à la gorge ».

III

La réforme ou le déclin

> « L'humanité se divise en trois catégories : ceux qui ne peuvent pas bouger, ceux qui peuvent bouger, et ceux qui bougent. »
>
> Benjamin Franklin

La dynamique fondamentale de la mondialisation qui réside dans le retour au premier plan des nations du Sud n'a pas été remise en cause par le krach de 2008 ni par le ralentissement des pays émergents en 2015. Le Sud prend sa revanche sur cinq siècles de domination économique et politique de l'Occident. La mondialisation a ainsi réalisé le décollage des pays en développement et la réduction massive de la pauvreté que les tiers-mondistes avaient rêvés et systématiquement échoué à mettre en œuvre.

Face à ce retournement, le défi pour les puissances émergentes consiste à répondre aux aspirations des nouvelles classes moyennes en diversifiant leur appareil de production et en remontant la chaîne de la valeur ajoutée, en assurant une répartition plus juste des fruits du développement à travers la protection sociale et en réformant leurs systèmes politiques. L'objectif est de conjurer le risque de révolutions qui viendraient ruiner leur développement, comme en Russie en 1917 ou en Iran en 1979. Le défi pour le monde développé consiste à réinventer son modèle, à relancer l'investissement et l'innovation, à s'adapter à une gestion partagée du capitalisme universel.

Le déclin résistible de l'Occident

La transformation du capitalisme soumet les pays développés à des chocs dont l'ampleur a été masquée par l'euphorie des années de bulles. Les démocraties, États-Unis en tête, ont régulé de manière sage l'économie de marché de la fin de la Seconde Guerre mondiale à la chute de l'Union soviétique. Puis elles ont cédé à la facilité en se convertissant avec une frénésie destructrice à la croissance à crédit, au moment où les pays du Sud entamaient leur grand rattrapage.

L'arrivée sur le marché du travail de centaines de millions d'individus, notamment en Chine et en Inde, a provoqué le basculement de secteurs productifs entiers vers les pays émergents ainsi que la délocalisation de nombreuses activités. Dans les pays du Nord, l'industrie a nettement reculé, à la notable exception de l'Allemagne et du Japon : depuis 1990, l'emploi industriel a diminué de 25 % aux États-Unis, de 20 % au Royaume-Uni, de 8 % dans la zone euro. La concurrence joue non seulement entre les entreprises mais entre les nations et leurs systèmes politiques, sociaux et fiscaux. La financiarisation de l'économie et les nouvelles technologies provoquent une distorsion dans la structure des emplois et des rémunérations, précarisant la partie la plus pauvre et la moins qualifiée de la population.

Simultanément, les engagements des États-providence, qui s'établissent en moyenne à 250 % du PIB dans les pays développés, sont devenus insoutenables au regard du vieillissement de la population, du ralentissement de la croissance, du chômage de masse et du surendettement public. Enfin, la politique économique a été privée de toute marge de manœuvre par l'envolée des déficits et de la dette des États ainsi que la surexposition des banques centrales. Seule reste donc ouverte la voie des réformes structurelles pour améliorer la compétitivité.

D'où une profonde crise du monde développé, dont les difficultés que traversent les États-Unis constituent une excellente illustration. L'économie américaine est sortie de récession, a dépassé son niveau de production et d'emploi de 2007, est redevenue hautement compétitive. Et ce grâce à la combinaison de la vitalité des entrepreneurs et de la réactivité de la politique monétaire conduite par la Fed, qui a étouffé la déflation par le déversement de liquidités et par la dévaluation du dollar. Mais la paupérisation et la déstabilisation de la classe moyenne ont alimenté une pression du Tea Party qui a paralysé les institutions, jusqu'à provoquer la fermeture des administrations fédérales en octobre 2013. La radicalisation de l'opinion et de la classe politique américaines sape la culture du compromis sans laquelle la Constitution, fondée sur une stricte séparation des pouvoirs, ne peut fonctionner. En conséquence, l'élection présidentielle de 2016 est placée sous le signe de la percée des candidats populistes, dont Donald Trump est le symbole.

Le fardeau du leadership, notamment le coût des interventions militaires, débouche sur un accès de fièvre isolationniste. D'où le recentrage de l'administration Obama sur les affaires économiques et intérieures, doublé d'une très grande retenue face à la gestion des crises internationales – de l'Asie à l'Ukraine en passant par la Libye, la Syrie ou la Palestine. Fut ainsi créé le vide stratégique dans lequel se sont engouffrés la Chine, la Russie, l'Iran ou la Turquie, mais aussi l'État islamique et les talibans.

L'Europe, de son côté, a cumulé trois crises : le choc déflationniste de 2008 ; la crise des risques souverains qui éclata à l'automne 2009 avec la révélation de la situation de faillite de la Grèce et connut son paroxysme en 2011 avec la déstabilisation des dettes italienne et espagnole qui menaça d'emporter la monnaie unique ; un vieillissement démographique accéléré et un ralentissement de la production comme de la productivité incompatibles avec des États-providence qui redistribuent la moitié des transferts sociaux mondiaux.

En 2011, la zone euro, devenue l'épicentre des risques souverains, présentait un risque systémique équivalent à celui de la faillite de Lehman Brothers en 2008 avec une double contagion. Géographique d'abord, de la périphérie vers le cœur de la zone, et financière ensuite, l'implosion des dettes publiques et des bilans bancaires se nourrissant mutuellement. La possibilité d'un éclatement de la monnaie unique était réelle. Elle portait la menace d'une dépression mondiale. C'est ce qui a justifié la mise en place d'un vaste plan de sauvetage de l'euro mobilisant non seulement les Européens mais aussi le FMI autour de trois grands axes.

Tout d'abord, les pays en difficulté ont fait l'objet de plans de soutien et d'ajustement conduits par la troïka, les États-Unis et les émergents ayant donné – non sans réticence – leur accord pour l'intervention du FMI. La Grèce, l'Irlande, et le Portugal ont ainsi bénéficié d'une aide pour stabiliser leur dette publique, tandis que l'Espagne a reçu un soutien de 45 milliards d'euros pour recapitaliser et reconfigurer son système bancaire. L'ajustement a fonctionné en Irlande, au Portugal et en Espagne ; ils ont rétabli leur compétitivité et renoué avec la croissance grâce à des programmes de réforme considérables. L'Espagne voit ainsi l'activité progresser de 3 % par an, ce qui a permis de créer 500 000 emplois en un an.

Mais un accident majeur est intervenu en Grèce. En dépit de la plus importante restructuration de dette de l'histoire du capitalisme et d'une aide de plus de 300 milliards d'euros, Athènes n'est pas parvenue à réformer fondamentalement son modèle clientéliste, fondé sur la constitution d'un vaste secteur public et d'un État-providence financé à crédit. Son ultime avatar a été le succès électoral de Syriza en janvier 2015. Alors que la Grèce fait face à un choc déflationniste d'une violence inconnue depuis les années trente pour un pays développé, avec une chute de 28 % du PIB et un taux de chômage proche de 30 % de la population active, le pays peine pourtant plus que jamais à se réformer.

Après l'emballement des passions, l'accalmie qui a suivi la confirmation du leadership d'Alexis Tsipras en septembre 2015 est trompeuse. La crise grecque n'est en rien réglée. La désintégration du système bancaire et le contrôle des changes aggravent la récession et poussent à l'exil les talents et les entreprises. Les 25 milliards d'euros destinés à recapitaliser les banques suffiront-ils à assurer leur survie, alors qu'elles ont perdu plus de 50 milliards de dépôts ? La dette publique qui atteindra 200 % du PIB en 2016 est en tout cas insoutenable. Les Grecs, s'ils plébiscitent leur maintien dans la zone euro, restent plus qu'ambigus sur la fin du clientélisme, du corporatisme, du protectionnisme et de la fraude fiscale généralisée qui interdisent la construction d'un État moderne et d'une économie compétitive.

Si le Grexit ne menace plus la zone euro, l'incapacité à stabiliser la Grèce et à assurer sa sortie de crise représente un risque politique majeur. Syriza exporte dans tout le continent un populisme hostile aux réformes, qui trouve des relais au Portugal avec le renversement du gouvernement réformateur de Pedro Coelho – pourtant vainqueur des élections –, en Espagne avec Podemos, au Royaume-Uni avec la dérive gauchiste du Labour de Jeremy Corbyn, et en France avec le Front national. La décomposition de l'État grec crée une zone de chaos au sud-est du continent, ouvrant, à proximité du Moyen-Orient, un vaste espace pour les activités de groupes criminels et terroristes mais aussi pour des vagues migratoires incontrôlées.

En dépit de la chute sans fin de la Grèce, les institutions de la zone euro ont été considérablement corrigées et renforcées. Le socle d'un gouvernement économique a été créé. La banque centrale s'est vu de fait conférer les pouvoirs d'un prêteur en dernier ressort. Un mécanisme de solidarité pouvant mobiliser 950 milliards d'euros a été créé, dont 450 milliards ont été engagés dans le sauvetage des pays périphériques. Un traité budgétaire et fiscal a été négocié et ratifié, limitant à 0,5 % du PIB le déficit structurel et créant un contrôle des projets de lois de finances par la Commission. L'union bancaire a transféré à la BCE la supervision des principaux établissements bancaires et financiers. Enfin, la crise a déclenché la mobilité du travail en provoquant l'exil des jeunes diplômés d'Europe du Sud vers les pays du Nord.

Le changement décisif qui a sauvé l'euro est venu de la BCE. Sous la présidence de Mario Draghi, elle est non seulement devenue une banque centrale à part entière mais a renversé sa stratégie, basculant de la lutte contre l'inflation à la lutte contre la déflation. Rompant spectaculairement avec les erreurs de Jean-Claude Trichet qui avait réédité la faute de la Fed en 1929 en augmentant les taux d'intérêt en 2008 et 2011, Mario Draghi a très habilement cassé la spéculation contre la monnaie unique en indiquant à l'été 2012 qu'il ferait tout ce qu'il faudrait pour préserver l'euro.

Dans le droit fil de cette ligne, il a baissé les taux jusqu'à fixer des taux négatifs sur la facilité de dépôt ; il a financé sans limites les États à travers les banques en décembre 2012 avant de soutenir les prêts aux entreprises en juin 2014. Il s'est prononcé publiquement contre la surévaluation de l'euro, ce qui a permis sa baisse de 15 % par rapport au dollar au cours de l'année 2014. L'inversion complète de la stratégie de la BCE au service de la lutte contre la déflation a été actée, en janvier 2015, avec le lancement d'un programme de rachat de dettes portant sur plus de 1 140 milliards d'euros. La BCE rejoint ainsi les stratégies de *quantitative easing* mises en œuvre par la Fed, par la Banque d'Angleterre puis par la Banque du Japon à compter de l'élection de Shinzo Abe fin 2012.

La zone euro s'est progressivement stabilisée, sortant de récession en 2014 pour renouer avec la croissance en 2015. Les attaques spéculatives contre l'euro et les dettes souveraines ont cessé. Les pays dits périphériques ont retrouvé l'accès au marché en 2014, y compris la Grèce avant l'élection d'Alexis Tsipras. Le chômage a entamé une décrue et 2,2 millions d'emplois ont été créés depuis 2013. Les déficits publics ont été ramenés nettement en dessous de 3 % du PIB, ce qui permet de stabiliser la dette autour de 92 % du PIB. Une spirale vertueuse a commencé à s'installer entre la réforme des institutions de la zone et celle de modèles économiques nationaux. La reflation allemande – caractérisée par une hausse des salaires de plus de 3 % par an depuis 2012 – accompagne l'ajustement des pays du Sud, qui, à la notable exception de la France, ont adapté leurs coûts et rétabli leur compétitivité. L'Espagne en est exemplaire, dont la balance courante est passée en cinq ans d'un déficit de 12 % du PIB à un excédent de 2 % du PIB.

Pour autant, la pérennité de la monnaie unique est loin d'être assurée. Six menaces pèsent sur elle. Sur le plan économique, après la récession pointe le risque de déflation ; la reprise demeure à la merci du ralentissement de l'économie mondiale ou d'un nouveau choc financier sur les dettes publiques et privées ; elle est minée par l'impératif du désendettement, par la faiblesse de l'investissement et par la baisse des salaires réels. Sur le plan financier, la fragmentation persiste alors que la situation des États reste très hétérogène – la dette varie entre 11 % du PIB pour l'Estonie et 180 % pour la Grèce en passant par 74,7 % pour l'Allemagne, 96,5 % pour la France, 97,7 % pour l'Espagne et 132,1 % pour l'Italie –, tandis que la recapitalisation et la restructuration du secteur bancaire sont loin d'être achevées.

Sur le plan social, un chômage de masse s'est installé qui touche dix-neuf millions de personnes. Sur le plan de l'intégration, la divergence entre le Nord et le Sud perdure, conduisant à un écart d'endettement public de 42 points de PIB en 2020. Sur le plan juridique, les institutions de la zone euro ont été profondément transformées pour faire face à la crise mais se trouvent en apesanteur vis-à-vis des traités, comme le souligne la multiplication des contentieux devant la Cour constitutionnelle de Karlsruhe en Allemagne et la Cour de justice de l'Union européenne. Sur le plan politique, le déclin français laisse l'Allemagne en situation d'exercer seule un leadership par défaut de la zone euro, tandis que le populisme ravage le continent, alimenté par le refus de l'austérité au Sud, de la solidarité au Nord, des migrants à l'Est.

Le déclin de l'Occident demeure cependant très loin d'être général et inéluctable. D'abord, certaines nations développées se sont profondément modernisées, confirmant l'adage de Jean Monnet qui veut que « les hommes n'acceptent le changement que dans la nécessité et ils ne voient la nécessité que dans la crise ». Dès les années quatre-vingt-dix pour le Canada ou la Suède ; confrontée à une sévère crise bancaire, Stockholm a associé avec succès la refonte des administrations et la baisse des dépenses publiques de 62 % à 52 % du PIB à un investissement massif dans l'économie de la connaissance, l'effort de recherche atteignant 4,2 % du PIB. Au début des années 2000 pour l'Allemagne qui, grâce à l'Agenda 2010 décidé et mis en œuvre par Gerhard Schröder, a rétabli la compétitivité de son industrie et de ses exportations qui se sont redressées pour atteindre 52 % de son PIB. À partir de la fin des années 2000 pour les États-Unis ou pour des pays européens comme l'Irlande et l'Espagne qui se sont restructurées avec succès.

Ensuite l'Occident conserve des atouts décisifs : un formidable capital immatériel et humain, adossé à la vitalité et à la puissance de ses universités et de ses centres de recherche ; des entrepreneurs et des cerveaux qui constituent le moteur du développement ; d'excellentes infrastructures ; des entreprises en situation de leadership, notamment dans le secteur clé des hautes technologies ; un État de droit qui garantit la propriété intellectuelle ; une capacité à se remettre en question et à se réinventer grâce à la créativité, à la flexibilité et à la mobilité propres aux sociétés libres.

La ligne de clivage ne passe plus, comme au XXe siècle, entre la démocratie et le totalitarisme. Elle sépare des modes de régulation du capitalisme et des régimes politiques libéraux ou autoritaires. Face aux surprises stratégiques, aux chocs économiques et à la révolution numérique, les individus et les entreprises comme les nations et les continents se départagent en fonction de leur aptitude au changement.

La clé des réformes

Après deux décennies caractérisées par le triomphe du Sud et le déclin du Nord, la ligne de partage entre les gagnants et les perdants n'est plus déterminée par l'appartenance au monde développé ou émergent mais par la capacité à s'adapter. Ceux qui sauront être flexibles et mobiles garderont pied dans la mondialisation ; ceux qui n'y parviendront pas seront marginalisés. Face aux disruptions du XXIe siècle, le meilleur mot d'ordre reste la maxime de Göran Persson, le Premier ministre social-démocrate qui modernisa la Suède : « Il ne faut jamais laisser perdre la chance d'une grande crise. »

Contrairement à l'Europe qui cède à la tentation de

sortir de l'histoire, les États-Unis luttent pour conserver leur leadership face à la Chine. Ils paient le prix fort pour leur démesure impériale des années 2000. Mais l'Amérique du XXIe siècle émerge progressivement autour de trois priorités : la réindustrialisation et l'indépendance énergétique ; le leadership sur l'économie numérique ; le basculement de l'Atlantique vers le Pacifique.

Force est de constater que les États-Unis, s'ils portent une responsabilité écrasante dans le gonflement puis l'implosion de l'économie de bulle, sont engagés dans une véritable reprise. La croissance est stabilisée autour de 3 % par an. Le taux de chômage a été ramené à 5 % de la population active grâce à la création de plus de douze millions d'emplois depuis 2009. Le déficit public a été réduit de 10 à 2,5 % du PIB depuis 2010. Quelle que soit l'ampleur des erreurs commises dans les années 2000, les États-Unis ne se sont pas trompés sur la sortie de crise. Ni sur l'objectif – la reflation –, ni sur la priorité donnée à la production et à la compétitivité.

La politique de baisse des taux et du dollar amplifiée par une création monétaire sans précédent a, de son côté, enrayé les pressions déflationnistes. Le formidable effort de productivité du travail, de restructuration et de recapitalisation des banques, de baisse du coût de l'énergie grâce aux hydrocarbures non conventionnels, d'investissement dans les nouvelles technologies a refait de ce grand pays la base productive la plus performante de la planète. Les États-Unis sont devenus la terre d'élection des relocalisations industrielles, avec une production manufacturière en hausse de 5 % par an et un investissement supérieur de plus de 20 % à son niveau d'avant-crise.

Sous les faiblesses du système politique, sous le déroulement chaotique du second mandat de Barack Obama – qui a tout de même cumulé un scandale à la NSA, un échec cuisant en Syrie, une crise de tétanie face aux initiatives de la Chine et de la Russie, une impuissance totale face à l'État islamique –, Corporate America effectue un retour en force qui s'appuie sur des atouts décisifs. La domination des universités américaines, confortée par l'avance acquise dans l'enseignement en ligne. L'attractivité du pays pour les entrepreneurs, les cerveaux et les capitaux, du fait d'une culture du risque couplée avec un État de droit efficace. La suprématie financière de Wall Street et de ses banques qui continuent à mobiliser et valoriser les capitaux du reste du monde, reste précieuse. L'impérialisme du droit américain ne s'est jamais mieux porté. L'oligopole des géants de l'Internet (Apple, Google, Amazon, Facebook, Twitter mais aussi IBM ou Cisco) structure la cyberéconomie. Enfin le réseau d'accords commerciaux bilatéraux – avec la conclusion du pacte transpacifique et le projet de traité transatlantique – jouent au XXIe siècle un rôle comparable à celui des traités d'assistance et de sécurité au temps de la guerre froide.

De son côté, la Chine conjugue accélération des réformes économiques, renforcement du contrôle du Parti communiste, exaltation du nationalisme et affirmation des ambitions de puissance du nouvel empire du Milieu. Après une décennie perdue sous l'autorité de Hu Jintao, la Chine a effectué un choix radical en faveur des réformes sous l'impulsion de Xi Jinping, entre les mains de qui sont concentrés les plus grands pouvoirs depuis Mao.

La mise en mouvement de la Chine par Xi s'inscrit

dans la continuité de ses Trente Glorieuses, marquées par des transformations profondes du modèle économique et social à chaque décennie. Au terme de trente-cinq années de croissance intensive qui en ont fait la première économie du monde, l'atterrissage en douceur vers un développement plus qualitatif, plus respectueux de l'environnement, moins dépendant de l'exportation et du crédit, est devenu indispensable. D'où le vaste plan d'assainissement des structures économiques fondé sur la rationalisation du crédit et le désendettement public et privé, la restructuration des 200 000 entreprises étatiques, la création d'un État de droit pour le développement des services et de la recherche, la priorité à la consommation intérieure et l'ouverture du compte extérieur.

Les données officielles occultent cependant le ralentissement de la croissance chinoise : 5 % contre 9,7 % en moyenne entre 1980 et 2010. Cette évolution est logique compte tenu du retournement à la baisse de la population active et du niveau des gains de productivité qui se stabilisent autour de 4 à 5 % du PIB. Elle est également cohérente avec la réorientation de l'économie chinoise, tirée par l'industrie et les exportations, vers la consommation et les services.

Toutes ces réformes ne vont évidemment pas sans risques. La lutte contre la corruption peut déstabiliser et délégitimer la nouvelle équipe, qui organise un véritable culte de la personnalité autour du président Xi. L'alliance des entreprises d'État et des gouvernements locaux qui a enfermé la Chine dans une croissance extensive dévastatrice pour la cohésion sociale et l'environnement, entre à présent en résistance. La diversification et la remontée de la chaîne de la valeur ajoutée peuvent être mises en échec par la dégradation de la compétitivité. Le basculement vers une croissance qualitative et vers une économie d'innovation suppose un État de droit pour garantir la propriété. L'éclatement des bulles immobilière et boursière peut menacer l'extension du marché et l'internationalisation du yuan.

Xi Jinping a choisi de réassurer ses risques par une répression implacable de l'opposition et des mouvements de défense des droits de l'homme à l'intérieur, par une surenchère nationaliste à l'extérieur, laquelle rompt avec la diplomatie prudente qui prévalait depuis Deng. La Chine n'avance plus masquée. Elle entend mettre à profit le recul des États-Unis pour accomplir des progrès décisifs, notamment en mer de Chine où elle assoit méthodiquement sa suprématie. Xi Jinping ne jouit pas du pouvoir sans limites dont il dispose comme d'une rente, mais comme d'un levier pour réformer la Chine et lui permettre de rivaliser avec les États-Unis à l'horizon du XXIe siècle. Il n'hésite pas à se projeter au-delà des dix ans qui bornent officiellement son mandat.

En Inde, le miracle économique a connu un brutal coup d'arrêt au début des années 2010. Mais Narendra Modi tente de relancer les réformes pour réveiller le pays. Prolongeant le tournant de politique monétaire réalisé par Raghuram Rajan à la tête de la banque centrale, il a engagé, depuis sa victoire aux élections de mai 2014 et sa nomination comme Premier ministre, une stratégie globale de modernisation qui combine la réorganisation de l'État, une thérapie de choc au plan économique, la lutte contre les inégalités, enfin une politique étrangère volontariste pour briser la stratégie d'encerclement poursuivie par la Chine.

Et ce notamment en créant un axe Indo-Pacifique avec les États-Unis en contournant la Chine.

La révolution Modi n'a pas débuté par le plan économique d'urgence que chacun attendait mais par la réforme de l'État avec la restauration de l'autorité du Premier ministre sur les ministères, afin d'assurer la cohérence des décisions et d'endiguer la corruption. Dans un second temps a été lancée la conversion du modèle économique avec la suppression de la toute-puissante Commission de la planification, et des mesures de libéralisation. Une campagne *Make in India* a été engagée qui vise à promouvoir l'investissement et la production en donnant la priorité aux infrastructures, à l'industrie et aux exportations. La réduction du déficit public est activement poursuivie grâce à des coupes dans les dépenses et à un programme de privatisation de plus de 6 milliards d'euros. Enfin, le démantèlement du système des castes est accéléré et les inégalités combattues par la création d'un système de sécurité sociale universelle.

Force est de constater la puissance de la résistance aux réformes, qu'il s'agisse de l'instauration d'une TVA nationale qui doit se substituer à la myriade des taxes locales sur la consommation, de la libéralisation du marché du travail ou de la modification du droit foncier pour faciliter les acquisitions de terrains par les entreprises industrielles. Mais il existe bien un effet Modi. L'activité a bondi pour atteindre 7 % en 2015. Le chômage est revenu à 3,4 % de la population active et l'inflation est ramenée en dessous de 6 % par an. L'Inde se trouve idéalement placée pour profiter du rééquilibrage de l'économie mondiale, notamment grâce à la baisse du prix de l'énergie et des matières premières. Au moment où la Chine ralentit, au moment où la Russie et le

Brésil basculent dans la récession, elle peut, si elle poursuit dans la voie des réformes, s'installer parmi les pôles de croissance les plus dynamiques de la planète.

La priorité donnée aux réformes est toutefois loin d'être partagée par tous, comme le montrent l'enfermement du Japon dans la déflation ou le blocage du développement au Brésil, en Russie ou en Turquie.

Le Japon, relégué au rang de troisième économie mondiale depuis 2010, connaît une situation plus difficile encore que celle de l'Europe. La population de l'archipel diminue et vieillit rapidement – elle passera de 127 à 90 millions d'habitants d'ici 2060 –, sans bénéficier de l'apport de l'immigration. Le Japon se trouve directement confronté à la concurrence des pays émergents d'Asie et a été contraint de délocaliser une partie de son appareil de production pour maintenir ses positions, ce qui n'empêche par les exportations de reculer. L'archipel n'a toujours pas définitivement surmonté la déflation qui a commencé au début des années quatre-vingt-dix, en dépit de la multiplication des plans de relance budgétaire qui ont porté la dette publique jusqu'à 240 % du PIB. La hausse des prix est nulle et le pouvoir d'achat des ménages s'érode avec la chute du yen.

Par ailleurs, la terrible catastrophe nucléaire de Fukushima a mis en évidence les failles de la gestion de crise en livrant les victimes à elles-mêmes, et n'est toujours pas totalement sous contrôle plus de trois ans après le tsunami. Les importations d'énergie requises par l'arrêt de toutes les centrales ont fait apparaître un déficit commercial particulièrement dangereux compte tenu du niveau de la dette publique. Les contentieux territoriaux et les conflits mémoriels ont entraîné une dégradation des relations du

Japon avec nombre des pays émergents d'Asie, notamment la Chine et la Corée du Sud. Enfin, le système politique est bloqué en raison de son adossement à la partie la plus conservatrice de la société, notamment la campagne, où la moyenne d'âge est particulièrement élevée.

Les espoirs nés de l'élection de Shinzo Abe en 2012 ont ainsi été largement déçus. Il a gagné son pari politique en obtenant une écrasante victoire lors des élections législatives anticipées en décembre 2014. Mais les Abenomics ont échoué. L'objectif était de briser le cercle de la déflation par l'augmentation du déficit public à 11,5 % du PIB, le doublement de la masse monétaire en deux ans, la dévaluation du yen de 25 % et l'engagement de réformes structurelles qui sont restées mort-nées. Trois ans plus tard, le Japon reste à la merci d'une croissance atone, du recul de l'investissement et de la consommation avec la hausse de la TVA, du creusement du déficit commercial, d'un risque d'explosion de sa dette publique. Au total, le nationalisme a pris le pas sur la réforme économique. Le dernier avatar en est le changement d'interprétation de l'article 9 de la Constitution afin de permettre au Japon de participer à des interventions militaires extérieures en cas de menace sur sa sécurité – rupture avec le pacifisme qui reste contestée par les deux tiers des Japonais.

La dynamique de l'émergence connaît aussi de spectaculaires coups d'arrêt, notamment au Brésil, en Russie ou en Turquie, stars déchues de la mondialisation.

À l'image de la déroute historique de la Seleçao en demi-finale de la Coupe du monde de 2014 face à l'Allemagne (1-7), le miracle qui a fait du Brésil la septième économie du monde s'est enrayé. La chute de Petrobras, la compagnie pétrolière nationale qui affiche plus de 12 milliards d'euros de pertes à la suite de détournements massifs, est symbolique du krach du pays. La récession atteint 3 % en 2015 alors que la croissance s'élevait encore à 7,5 % en 2010. L'inflation s'est installée à 9,4 %. Le chômage remonte pour toucher 7,5 % de la population active. La pauvreté progresse. Le système de retraite est en faillite. Les déficits se creusent : déficit courant de 4,5 % du PIB ; déficit budgétaire de 9 % du PIB qui a conduit la dette publique à 70 % du PIB. Le real a perdu plus de la moitié de sa valeur face au dollar en moins d'un an. Hier figure de proue des Brics avec Lula, le Brésil de Dilma Roussef illustre la chute de certains d'entre eux.

La tentation est grande, dans ce contexte, d'imputer ce trou d'air à des causes extérieures telles que la guerre des monnaies ou le contre-choc pétrolier. Mais la réalité est tout autre. Le blocage du Brésil est structurel car les deux moteurs de la croissance sont à l'arrêt : la consommation intérieure d'abord, du fait du surendettement des ménages (le crédit a progressé de 40 points de PIB en une décennie) et de l'impossibilité d'accroître les transferts sociaux financés par l'endettement de Petrobras ; les matières premières ensuite, qui constituent la majorité des exportations et dont le super-cycle prend fin avec l'atterrissage de la Chine, autrement dit son retour à une croissance moins exubérante. Par ailleurs, le Brésil souffre de profonds déséquilibres : la stagnation de la productivité du travail dont le coût a augmenté de 150 % en dix ans et le déficit chronique d'investissement ; la faiblesse de la concurrence en raison du protectionnisme ; l'indigence des services publics, particulièrement dans l'éducation et la santé ; l'ampleur des inégalités sociales et territoriales ; l'anémie de l'État de droit qui favorise une corruption endémique et la montée de la violence (les homicides ont progressé de 10 % en un an). En bref, le Brésil va droit à la faillite pour avoir greffé un État-Providence de type européen sur une économie émergente.

À cette crise économique s'ajoute une crise politique. Réélue de justesse en 2014, Dilma Roussef est désormais menacée de destitution pour avoir présidé Petrobras durant une décennie. Elle se trouve également mise en cause dans deux procédures ouvertes par le tribunal supérieur électoral sur le financement illicite de sa campagne et par le tribunal des comptes de l'Union.

Avec le Brésil se joue le destin de l'Amérique latine du poids économique de laquelle il représente 60 % et dont il épouse les contradictions. Le continent en récession se trouve écartelé entre deux blocs qui divergent. D'une part, les pays stables en forte croissance, assis sur une solide compétitivité et une large ouverture internationale, comme le Chili ou la Colombie. D'autre part, les pays qui basculent dans le chaos à l'exemple de l'Argentine de Nestor et Cristina Kirchner, qui conjugue la récession et le défaut financier avec le scandale né de la mort suspecte du procureur Nisman, ou du Venezuela de Nicolás Maduro – l'un des pays les plus riches du monde que le chavisme mène à un défaut programmé, du fait du cumul de la récession (– 4 %), d'une inflation supérieure à 60 % et d'une dette publique hors de contrôle. Voilà pourquoi il est vital que le Brésil, fort de ses formidables atouts, mette un coup d'arrêt à la dérive populiste de Dilma Roussef.

Si la fin du miracle brésilien est d'abord économique, la régression russe s'enracine, elle, dans la politique.

En annexant la Crimée et en organisant la sécession du Donbass, Vladimir Poutine a déclenché la crise la plus grave en Europe depuis la chute de l'Union soviétique. L'intervention militaire directe en Syrie pour sauver le régime de Bachar al-Assad a ensuite ouvert un nouveau front, même si elle a permis de rouvrir le dialogue avec les États-Unis.

Le démantèlement de l'Ukraine et la démonstration de force effectuée en Syrie s'inscrivent dans le renouveau impérial de la Nouvelle Russie et la volonté de lui redonner un statut de grande puissance. Vladimir Poutine entend effacer la désintégration de l'URSS qu'il qualifie de plus grande catastrophe historique du XXe siècle, en réintégrant dans la Russie les territoires et les populations russophones et orthodoxes. À l'égal du coup de Prague de 1948 qui symbolisa la soviétisation des démocraties populaires, cette crise marque le début d'une nouvelle confrontation avec les États-Unis, mais aussi avec l'Europe dont la sécurité est menacée.

Vladimir Poutine, lorsqu'il est arrivé au pouvoir en 1999, a légitimement accordé la priorité au rétablissement de l'autorité de l'État pour mettre fin au chaos des années Eltsine. Sa Russie a d'emblée renouvelé l'aigle à deux têtes. D'un premier côté, une verticale du pouvoir fondée sur l'alliance des structures de force et des oligarques qui contrôlent le secteur des hydrocarbures et des matières premières. De l'autre, dans les années 2000, une croissance de 7 % par an tirée par la redistribution de la rente pétrolière. Elle a permis une hausse des salaires de 15 % par an qui a favorisé l'émergence d'une classe moyenne de 90 millions d'habitants. Parallèlement, la Russie a réintégré la communauté internationale via le partenariat avec l'OTAN et son entrée dans l'OMC.

À partir de la fin des années 2000 se dessine une embardée autocratique, impériale et religieuse. Vladimir Poutine a restauré un pouvoir personnel de type tsariste en manipulant la Constitution grâce à un échange de postes avec Dimitri Medvedev : il contrôle les grands monopoles et les oligarques depuis l'affaire Youkos. En 2008, avec l'invasion de la Géorgie, il a engagé une première modification unilatérale des frontières de l'après-guerre froide. Puis, à la lumière des graves déficiences de son armée, il a lancé en 2009 un vaste programme de réarmement auquel le déploiement en Syrie sert de test. Cette stratégie impériale s'appuie sur le constat de l'impuissance de l'OTAN, paralysée par les conflits perdus d'Irak et d'Afghanistan et par le déficit de leadership des États-Unis de Barack Obama.

Sur le plan tactique, Vladimir Poutine triomphe. À moyen terme, l'issue de l'embardée impériale russe apparaît nettement plus incertaine. La Russie ne dispose pas en effet des moyens de ses ambitions. Sa volonté de puissance repose sur des bases très fragiles. La démographie reste sinistrée, avec une population qui va s'effondrer de 140 à 107 millions d'habitants d'ici à 2050. Le pari de la guerre se révèle ruineux pour l'économie russe. La récession atteindra 5 % en 2015 pour une inflation approchant 20 %. La fuite des capitaux dépasse 150 milliards de dollars par an. Les sanctions internationales ont asphyxié les banques et les grands monopoles liés au pouvoir qui ne survivent que grâce aux injections de liquidités de la banque centrale. Le déficit budgétaire se creuse avec l'effondrement du prix des hydrocarbures qui représentent près de 60 % des recettes, tandis que les réserves de change accumulées s'épuisent rapidement, 80 milliards ayant été engloutis vainement dans le soutien du rouble en 2014.

Sous le projet impérial de Vladimir Poutine, pointent les dilemmes et les drames de son histoire. La Russie tsariste est morte de l'alliance de la slavophilie et de l'orthodoxie qui enraya son décollage économique, sa modernisation sociale et la libéralisation de ses institutions. C'est de l'intérieur que l'Union soviétique a perdu la guerre froide, vaincue par le blocage de l'économie, la paupérisation de la population et les charges d'un empire démesuré. La Russie perdra de même la seconde guerre froide qu'elle a choisi de déclencher. Le culte obsessionnel de la puissance finira par se retourner contre les Russes. Et la Russie finira par liquider le poutinisme comme elle a liquidé le communisme.

La Turquie de Recep Erdogan offre un autre exemple d'une modernisation interrompue par des dérives autocratiques couplées à des passions nationales et religieuses. Depuis sa réélection en 2008, Recep Erdogan a installé un culte de la personnalité qui va de pair avec une prise de contrôle par son parti, l'AKP, des secteurs clés de l'administration, de l'économie et de la finance. L'armée et la police, soupçonnées de faire le jeu de l'opposition, ont fait l'objet de purges. Un programme de grands travaux pharaoniques a été lancé dans la perspective du centenaire de la République en 2023. La diplomatie turque s'est engagée dans une stratégie de puissance régionale de plus en plus complaisante à l'égard de l'État islamique.

Recep Erdogan a certes gagné un pari électoral en renversant, le 1er novembre 2015, avec la majorité absolue de l'AKP, le sens du vote de juin. Il a mis en échec l'opposition et organisé un référendum sur la stabilisation du pays en encourageant les violences, y compris les attentats d'Ankara. Mais à moyen terme, ses orientations se traduiront par autant d'échecs, précipitant la Turquie dans une crise majeure. Politique, avec l'organisation de scrutins législatifs à répétition pour permettre de réviser la Constitution en conférant les pleins pouvoirs au président. Institutionnelle, avec le noyautage de l'État et de la justice. Économique, avec le ralentissement de la croissance de 8,8 à 2 % depuis 2010, sur fond de menace d'éclatement des bulles financières et immobilières. Financière, avec un déficit courant de 5 % du PIB et l'effondrement de la livre et de la Bourse d'Istanbul. Sociale, avec la montée du chômage, notamment chez les diplômés. Internationale, avec l'isolement croissant de la Turquie, enfermée dans sa dénonciation d'un chimérique complot occidental et brouillée également avec la Russie depuis la destruction d'un bombardier Sukhoi 24 au-dessus de la frontière syrienne. Sécuritaire, avec la vague d'attentats la plus meurtrière de l'histoire de la Turquie moderne, de Suruç à Ankara, à laquelle répond non pas la clarification des relations avec l'État islamique mais une guerre à outrance contre les Kurdes qui menace l'unité du pays. Hier grand émergent au seuil de l'Europe, la Turquie risque non seulement de bloquer sa modernisation mais de basculer dans la guerre civile.

L'essor des pays émergents est donc bien réel et va se poursuivre avec l'arrivée d'une nouvelle vague de nations, tels l'Indonésie, le Vietnam ou les Philippines, le Mexique et la Colombie, le Nigeria, l'Éthiopie ou l'Angola. Pour autant, la dynamique de rattrapage de l'Occident s'épuise. Voilà pourquoi le décollage du Sud n'est pas plus fatal que le déclin du Nord, comme le montrent les succès des

États-Unis ou de l'Allemagne, du Canada, de la Suède ou de la Suisse. Voilà pourquoi le destin des nations et des continents au XXIe siècle dépendra de leur capacité à se réinventer et à s'adapter, mais aussi à coopérer entre eux.

La leçon que tirait Edmund Burke de la chute de l'Ancien Régime au lendemain de la Révolution française n'a jamais été plus actuelle : « Un État qui n'a pas les moyens de sa réforme n'a pas les moyens de sa conservation. » La France en offre une cruelle illustration, elle qui est devenue l'homme malade du monde développé en raison de son incapacité chronique à prendre en compte les bouleversements de l'histoire.

IV

Le risque France

> « La France ne fait des réformes qu'à l'occasion des révolutions. »
>
> Général de Gaulle

Dans un système mondial qui se polarise entre les pays qui justement s'adaptent et ceux qui subissent, la France est en passe de devenir le porte-étendard de ceux qui décrochent en dépit d'atouts considérables. Elle fait désormais exception, tant par ses performances, nettement inférieures à celles de la zone euro et des grandes nations du Nord, que par son incapacité à se moderniser.

Notre pays semble ainsi rattrapé par la malédiction historique qui le voit régulièrement échouer lors des bouleversements géopolitiques ou des transformations du capitalisme.

À la fin du XIXe siècle, nombre des innovations de la seconde révolution industrielle étaient françaises – dans le domaine de la chimie ou celui de la pharmacie en passant par l'électricité ou l'automobile. Ce fut pourtant l'Allemagne qui prit le leadership de l'économie européenne et les États-Unis celui de l'économie mondiale. Au cours des années trente, la France ne prit la mesure ni de la déflation – qu'elle aggrava en contribuant à l'échec de la conférence de Londres en 1933 puis en faisant le choix suicidaire du bloc or –, ni de la menace mortelle que constituaient les régimes totalitaires. Elle le paya au prix de la débâcle de juin 1940 puis de l'Occupation. Dans les années soixante-dix, elle réagit aux chocs pétroliers par les relances keynésiennes de 1975 puis de 1981, pour s'engager finalement mais avec une décennie de retard dans la lutte contre l'inflation. Elle reste le seul grand pays développé à n'avoir pas fait évoluer son modèle économique et social.

La fin du XXe siècle se réduit à un invraisemblable enchaînement d'erreurs et de revers. En 1989, la France célébra le bicentenaire de la Révolution en s'ingéniant vainement à sauver l'Union soviétique et à éviter la réunification de l'Allemagne. En 1992, elle fit le choix de la monnaie unique. Pourtant, à l'exemple de la Grèce, elle n'a tiré aucune conséquence des modifications radicales introduites dans la régulation des économies européennes par l'euro, qui supprime l'ajustement par l'inflation et la dévaluation d'une part, et oblige, d'autre part, à la convergence des niveaux de compétitivité et à la conduite de politiques coopératives. Elle ne cesse de dénoncer la mondialisation au lieu de valoriser ses atouts pour se repositionner en son sein. Elle fait de l'intégration européenne le bouc émissaire de ses difficultés qui ne résultent pourtant que de son immobilisme et de ses renoncements !

La trajectoire politique particulièrement heurtée de notre pays témoigne de sa difficulté à se réformer. D'où la succession de phases de déclin et de rattrapage, comme à la Belle Époque, pendant les Années folles ou les Trente Glorieuses. D'où aussi la vulnérabilité face à des dérives populistes et protectionnistes qui se manifestent avec virulence dès que les classes moyennes et l'État sont fragilisés.

Tel est le cas aujourd'hui. La France se range pour l'heure parmi les grands perdants du XXIe siècle. Elle a été ravalée du quatrième au sixième rang des puissances économiques et au neuvième si l'on raisonne en parité de pouvoir d'achat. La perspective d'être reléguée entre la quinzième et la vingtième place se profile à l'horizon 2030. Un redressement demeure encore possible. Il est cependant impératif de le réaliser dans les années qui viennent, sans quoi l'on ne pourra éviter une nouvelle secousse révolutionnaire, assortie de violences en tous genres.

Vous avez dit déclin ?

Depuis le début de l'année 2015, la situation semble connaître une embellie, alors même qu'aucun changement fondamental n'est intervenu. Un quasi-miracle en quelque sorte. Notre économie a renoué avec un semblant de croissance. Le risque financier lié à l'envolée de la dette publique est annihilé par des taux d'intérêt historiquement bas. Enfin, à la suite des tragiques attentats de Paris, les Français, accompagnés d'une délégation d'une cinquantaine de chefs d'État et de gouvernement, se sont levés en masse le 11 janvier 2015 et ont participé à une manifestation historique pour la défense de la démocratie et de la liberté d'expression, contre l'engrenage de la peur et de la violence.

Ces événements ont fait naître l'espoir que le sursaut tant attendu se concrétisait. Une lueur rapidement éteinte ! La reprise se révèle en trompe-l'œil. Le regain d'activité est tout entier tiré par la consommation tandis que l'investissement poursuit sa chute. La croissance molle de 1 % résulte uniquement de la baisse conjointe du pétrole et de l'euro, alors que la dynamique intérieure est nulle. Les destructions d'emplois perdurent et entraînent une ascension du chômage : cinq millions sept cent mille personnes. La dette atteindra 100 % du PIB avant 2017. En bref, le modèle de développement reste insoutenable, fondé sur le soutien de la consommation par la dette publique d'une part, et l'euthanasie de la production, de l'investissement et de l'innovation d'autre part.

Tout aussi éphémère a été ce moment d'unité nationale. Très vite, l'impuissance de la classe politique est redevenue éclatante. En guise de mobilisation et de rassemblement, les querelles politiciennes ont repris de plus belle. Les attentats du 13 novembre ont porté le coup de grâce à l'esprit du 11 janvier, en soulignant les failles béantes dans la sécurité du pays et le retard accumulé dans la lutte contre le terrorisme islamique. Ils ont souligné les contradictions de la France – entre la défense et la diplomatie, entre le renseignement intérieur et extérieur, entre la police et la justice –, mais aussi son isolement.

Notre pays était le seul à refuser d'effectuer un choix entre l'État islamique et le régime de Bachar al-Assad. Il était également le seul à se surexposer dans ses interventions extérieures – du Sahel au Moyen-Orient en passant par la Centrafrique – sans renforcer, bien au contraire ! sa sécurité intérieure.

La démonstration de force tranquille et de courage civique des Français étant restée lettre morte, lui succèdent une angoisse et une colère renforcées par le déclassement du pays et sa vulnérabilité face à l'État islamique. Pour le plus grand bénéfice des extrémistes, et avant tout du Front national devenu le premier parti de France, dont la démagogie se nourrit de l'effondrement de l'appareil de production, du chômage et de l'insécurité. Le sentiment d'humiliation nationale s'y ajoute comme l'a révélé le choc des élections régionales qui a fait exploser le jeu politique traditionnel.

Sous des apparences trompeuses – un semblant de reprise économique et un rassemblement fugace des citoyens autour de la tragédie de *Charlie Hebdo* –, la débâcle s'accélère. Elle est stratégique mais surtout économique et sociale. Elle s'enracine dans un même déni du réel et dans un même blocage du système politique. La France n'est en effet pas seulement confrontée aux conséquences de la crise de la mondialisation mais aussi aux séquelles de trente ans de décrochage. Ses maux ne proviennent pas de l'économie de bulle des années 2000 ou du choc déflationniste de 2008, ils sont structurels.

Le cœur du problème français est économique. Il réside dans un mouvement de décroissance provoqué par l'effondrement de la production. Son recul découle de la course folle des dépenses publiques qui culminent à 57,5 % du PIB, soit le niveau le plus élevé du monde développé. Une formule résume l'impasse dans laquelle s'est enfermé notre pays : la France représente 1 % de la population mondiale, 3,7 % de la production de la planète, mais 15 % de l'ensemble des transferts sociaux.

La croissance qui s'élevait à 5,6 % dans les années soixante n'a cessé de ralentir pour s'établir à 3,7 % dans les années soixante-dix, 2,2 % dans les années quatre-vingt, 1,9 % au cours de la décennie quatre-vingt-dix, 1,5 % pendant les années 2000 et 0,3 % depuis 2010. L'économie française se trouve désormais reléguée dans le peloton de queue de l'Europe et de la zone euro, dont la croissance est nettement supérieure.

Cette chute de la production française touche l'ensemble

des secteurs d'activité mais connaît une particulière intensité dans l'industrie, qui joue un rôle clé dans l'emploi, dans les exportations et dans l'innovation. En 2014, la production industrielle a retrouvé son niveau de 1994, accusant un recul de 16,5 % par rapport à son niveau de... 2008. La part de l'industrie dans la valeur ajoutée est limitée à 11 %, contre 16 % dans la zone euro et 22 % en Allemagne. Le succès des filières de l'aéronautique, de l'armement ou du luxe masque de moins en moins la désintégration du tissu industriel. Elle résulte de trois évolutions. D'abord, l'envolée des faillites, notamment celles des grosses PME. Ensuite, la multiplication des rachats par des entreprises étrangères de groupes en restructuration comme PSA par Dongfeng, Alstom-énergie par General Electric, Alcatel Lucent par Nokia, ou de fleurons comme Lafarge cédé à Holcim, ou Norbert Dentressangle acquis par XPO Logistics. Enfin, la délocalisation des dirigeants et des fonctions stratégiques : sièges sociaux pour Solvay ou Lafarge, direction générale à Hong Kong pour Schneider, direction financière à Londres pour Total, centres de recherche en Amérique du Nord pour Sanofi...

L'accélération de la désindustrialisation n'a pourtant rien d'inéluctable et contraste avec la nouvelle donne qui se dessine depuis 2008. La balance s'est en effet renversée au détriment de la finance, comme le montrent, aux États-Unis, la fuite des talents de Wall Street vers la Silicon Valley ou la cession par General Electric de son pôle financier pour se recentrer sur l'aéronautique, l'énergie, les transports et la santé. L'industrie, moteur de l'innovation et des exportations, se trouve ainsi au cœur de la reprise américaine comme du repositionnement de l'Allemagne, de la Suède, de la Suisse ou de la Corée du Sud.

En réalité, les causes profondes de l'effondrement de l'appareil de production français tiennent tout entières dans le déficit de compétitivité de notre pays. Baisse du taux de marge des entreprises qui annihile leur capacité d'investissement – qui se situe 8 % en dessous de son niveau historique – et entraîne le vieillissement accéléré de leur appareil de production (0,8 robot pour mille emplois contre 2,05 en Suède et 2,44 en Allemagne). Dérive des coûts horaires du travail qui atteignent 34,60 euros contre 31,40 euros en Allemagne, 28,30 euros en Italie et 21,30 euros en Espagne. Envolée des impôts et des charges acquittés par les entreprises qui culminent à 18 % du PIB contre 14,5 % en Italie, 12 % en Espagne et 9 % en Allemagne. Euthanasie du risque et de l'innovation par le principe de précaution avec une recherche limitée à 2,2 % du PIB contre 2,8 % pour l'Allemagne et 4,2 % pour la Suède. Positionnement de moyenne gamme, très vulnérable face aux productions à haute valeur ajoutée de l'Europe du Nord comme aux offres à bas coût de l'Europe du Sud et des pays émergents.

Tout cela aboutit à une interminable chute des parts de marché françaises qui ont reculé depuis 1990 de 20 % à 12,3 % au sein de la zone euro et de 5,5 % à 3 % au plan mondial. D'où un déficit commercial structurel : établi à 54 milliards d'euros en dépit de la forte diminution du déficit énergétique, il illustre le déclassement de notre pays face à l'Allemagne qui affiche un excédent de 217 milliards d'euros.

Cette décroissance volontaire explique à la fois l'installation d'un chômage permanent et la paupérisation des Français. Depuis les chocs pétroliers des années soixante-dix, la France est le seul grand pays développé qui n'ait jamais renoué avec le plein-emploi. Elle compte moins de 15,8 millions d'emplois dans le secteur privé et continue à en détruire. La seule industrie a supprimé 2,5 millions d'emplois en un quart de siècle. Nous ne disposons que de 25 millions de postes de travail contre 42,8 millions en Allemagne.

En moyenne, le chômage touche 10 % de la population active ; il continue d'augmenter actuellement alors qu'il diminue dans tous les pays développés et que les États-Unis, l'Allemagne ou le Royaume-Uni ont rétabli le plein-emploi avec des taux de chômage respectifs de 5 %, 4,5 % et 5,2 %. Parallèlement, au fil des crises et des récessions, se sont accumulées des strates successives de travailleurs découragés qui grossissent les rangs des exclus. Près de 7 millions de nos concitoyens vivent désormais dans l'anomie, avec pour seules ressources les subsides de l'État-providence, l'économie parallèle et la criminalité. Dans le même temps, les inégalités entre les générations explosent, le niveau de vie des retraités – cas unique dans le monde – étant supérieur à celui des actifs, tandis que 18 % des jeunes sont en situation de pauvreté.

Il est temps de sortir du déni et d'affronter la réalité : en termes de marché du travail comme de capital humain, la France est écartelée. La protection totale d'un noyau dur de la population active composé de la fonction publique et des salariés titulaires d'un contrat à durée indéterminée va de pair avec la précarité d'une partie de la main-d'œuvre qui supporte toutes les fluctuations de l'activité. D'un côté, le système scolaire rejette chaque année 161 000 jeunes qui maîtrisent insuffisamment lecture, écriture, calcul, et qui grossissent les rangs des exclus. De l'autre, 80 000 personnes à haut potentiel quittent chaque année le territoire pour s'installer à l'étranger afin d'échapper au malthusianisme national et de bénéficier d'un environnement plus favorable à leurs projets et à leur épanouissement. Plus de 2,1 millions de Français vivent aujourd'hui à l'étranger dont 600 000 à Londres ; à Hong Kong et à Singapour, nos compatriotes constituent les communautés étrangères les plus nombreuses.

Les Français, qui continuent à croire que la France est un pays riche, se paupérisent en réalité rapidement. Parmi les atouts théoriques de notre pays figure le dynamisme de sa démographie. Forte aujourd'hui de 66,3 millions habitants, la France devrait voir sa population compter 76 millions d'habitants en 2060 contre 71 millions pour l'Allemagne. Mais en raison de la décroissance et du chômage de masse, la richesse par habitant est désormais inférieure de 6 % à la moyenne des pays développés et de 13 % à celle de l'Allemagne. Depuis les années quatre-vingt, la France a régressé du sixième au seizième rang mondial – hors États pétroliers.

Encore ces données n'intègrent-elles pas le passif lié à la dette publique. Pierre Mendès France rappelait à juste titre que « les comptes en désordre sont la marque des nations qui s'abandonnent ». Voilà plus de quatre décennies que la France capitule, puisque le dernier excédent budgétaire remonte à 1973 ! La France fait là encore exception. Elle est le seul pays développé à n'avoir jamais restauré l'équilibre de ses finances publiques depuis les chocs pétroliers. Et ce en raison de la perte de tout contrôle des dépenses publiques.

La principale dérive ? Elle provient des transferts sociaux qui s'élèvent à 34 % du PIB et des effectifs de la fonction publique qui ont encore augmenté de 40 000 en 2014 pour atteindre 5,64 millions de postes absorbant 13 % du PIB. Dans le même temps, les recettes publiques battent des records à 53,5 % du PIB, réalisant l'euthanasie de la croissance et de l'emploi, de l'épargne et de l'investissement. La dette publique, qui s'élevait à 20 % du PIB en 1980, représentera une année de PIB d'ici à 2017. Si l'on ajoute les – nombreux – organismes ou sociétés liés à l'État ainsi que la charge des retraites, les engagements publics culminent à 250 % du PIB. Et dans le même temps, le patrimoine national s'est vu amputé de 1,8 % en 2014. Sans croissance et sans inflation, notre pays court donc droit au défaut de paiement !

Ce déclin, longtemps nié, est d'autant plus spectaculaire qu'il contraste avec le redressement du monde développé et des autres pays européens. Les États-Unis ont renoué avec une croissance annuelle proche de 3 % et avec le plein-emploi en redevenant le territoire le plus compétitif de la planète grâce à des gains de productivité du travail de 15 %, à la restructuration du secteur financier, à la révolution des hydrocarbures non conventionnels et à la domination sans partage de l'économie numérique. Le Japon tente de se dégager d'un quart de siècle de déflation. Le Royaume-Uni affiche une croissance de 2,8 % et un taux de chômage réduit à 5,2 %. La divergence avec l'Allemagne est particulièrement spectaculaire : croissance stable autour de 2 % ; exportations représentant 52 % du PIB et excédent commercial de 7,4 % du PIB ; taux de chômage réduit à 4,7 % ; excédent budgétaire de 1 % et dette ramenée de 81 à 75 % du PIB. L'effondrement économique de la France laisse ainsi Berlin exercer seul le leadership de l'Union européenne et de la zone euro.

France en sursis ?

Le culte de la stabilité et le refus du changement démultiplient les risques. La France les cumule. Risque économique d'une évolution démographique supérieure à la croissance, soit l'engrenage de la pauvreté qui a condamné l'Afrique au mal-développement pendant le demi-siècle qui a suivi les indépendances. Risque social avec l'enracinement du chômage de masse et de l'exclusion. Risque financier avec les tensions croissantes sur la dette publique au moment où la hausse des taux et la volatilité sont de retour. Or la hausse d'un point des taux d'intérêt entraîne une augmentation de 40 milliards d'euros de la charge de la dette sur cinq ans. Risque politique avec la montée de l'extrémisme et du Front national dans un climat de guerre civile froide. Risque diplomatique avec l'effacement de l'influence française en Europe et dans le monde. Risque stratégique avec la résurgence des menaces intérieure et extérieure. Et ce, alors que nos forces militaires sont surexposées sans disposer des moyens financiers, opérationnels et politiques nécessaires pour soutenir dans la durée leurs multiples engagements.

Si la France subit au lieu d'agir, elle le doit avant tout à son État. Alors qu'il est censé être un réducteur d'incertitudes, il est un vecteur d'instabilité à travers l'accumulation et le changement permanents des normes et des taxes. De vecteur de modernisation, il s'est dégradé en verrou des réformes. De fournisseur de solutions, il s'est transformé en problème majeur, du fait de son inefficacité, du gonflement de la monstrueuse bulle spéculative de ses finances, de sa prétention à gouverner l'économie et la société alors qu'il montre une incapacité chronique à se réformer. De colonne vertébrale de la nation au service de l'intérêt général, il s'est mué en un conglomérat de corporatismes qui ont mis en place une économie de prédation. La sphère publique, qui a démesurément enflé, entrave l'économie par ses réglementations et ses prélèvements. Elle enferme la société dans la défiance. Elle impose à la nation un étatisme, un malthusianisme et un protectionnisme mortifères.

Un lien intime unit un mode de gouvernement autoritaire et impotent et un modèle de décroissance par la dépense et la dette publiques. La concentration du pouvoir dans les mains de la haute fonction publique, remarquablement efficace du temps des économies administrées et des sociétés fermées, organise aujourd'hui la paralysie de l'État et la ruine de la nation. Aussi le redressement est-il indissociable du rétablissement de contre-pouvoirs au cœur de nos institutions ainsi que d'un profond renouvellement de la classe politique.

L'implosion du modèle français participe par ailleurs de la crise de l'Union européenne et de la zone euro. La dérive économique et financière de la France interdit la mise en place des politiques coopératives qui sont la condition d'une reprise européenne durable et de la pérennité de la monnaie unique. Dans le même temps, la France a largement exporté le nationalisme économique que partagent désormais la plupart des États membres. Il engendre au plan politique l'impuissance des institutions européennes et interdit l'émergence d'une Europe politique ou d'une Europe de la défense et de la sécurité, pourtant plébiscitée par les citoyens de l'Union. Il entretient la marginalisation de l'Europe face à la montée en puissance du G2 sino-américain mais aussi des nouveaux géants du Sud. Il encourage, au plan monétaire et financier, la déstabilisation de la zone euro, confrontée à la divergence explosive de ses deux plus grandes économies.

Du Grexit au Fraxit ?

La France est assurément en risque. Mais elle est aussi un risque pour ses partenaires. La radicale nouveauté découle en effet de l'euro. Cette chute de la France n'engage pas que notre pays. Elle menace également la monnaie unique car notre pays, contrairement à la Grèce, possède une dimension systémique.

La crise grecque marque un tournant historique. Le défaut d'un pays développé auprès du FMI n'a pas de précédent, de même que la sortie potentielle d'une zone monétaire intégrée. La Grèce a acquitté au prix fort la démagogie d'Alexis Tsipras qui promettait de rester dans l'euro et de restructurer la dette tout en refusant les changements indispensables pour construire une économie viable et un État moderne. Avec le choix de l'euro et la signature de l'accord avec ses créanciers, Alexis Tsipras a finalement choisi la politique de son pays contre celle de son parti. Mais il a détruit l'économie et les banques grecques. Les institutions sont à la merci des populismes déchaînés. Thucydide dans son *Histoire de la guerre du Péloponnèse* avait déjà montré comment la démagogie provoqua la défaite d'Athènes face à Sparte avant de ruiner sa démocratie.

Or sous le Grexit pointe le Fraxit. La tragédie grecque rappelle à tous qu'il est impossible d'appartenir durablement à la zone euro sans en appliquer la discipline. Dans un système de monnaie unique, les ajustements ne s'effectuent plus par l'inflation et la dévaluation mais directement par les faillites d'entreprises, le chômage et la chute des revenus. De ce point de vue, La France se trouve dans la même situation que la

Grèce. Son économie est certes plus compétitive et son État autrement plus efficace dans la collecte de l'impôt. Mais son modèle économique et social est tout aussi insoutenable. Et la France est très loin de s'être réformée aussi profondément que la Grèce sous les gouvernements Samaras et Tsipras.

Le pays se trouve donc confronté à un choix décisif entre les réformes ou la sortie de l'euro. Avec cette responsabilité particulière qu'il comporte une dimension systémique. L'euro ne survivrait pas au Fraxit. La sortie de notre pays signifierait la fin de la monnaie unique et, très probablement, l'éclatement du grand marché européen.

La débâcle grecque est riche de leçons pour une France aux abois. La greffe d'un système de redistribution démesuré sur un appareil de production exsangue mène au défaut financier. Le surendettement ne mène pas seulement au défaut mais à l'aliénation de la souveraineté et à la corruption de la démocratie. Un pays finit toujours par payer ses dettes, le défaut appauvrissant les créanciers mais ruinant la population. Prétendre ne pas choisir entre l'euro et les réformes, c'est en réalité choisir le défaut et la sortie de l'euro. Le destin de la monnaie unique se trouve donc aujourd'hui dans les mains de notre pays qui, s'il persiste dans le refus de toute réforme, l'emportera dans sa chute.

La France n'est pas finie !

Notre redressement s'affirme ainsi comme l'une des clés de la relance de l'Europe et de sa capacité à s'imposer comme l'un des pôles du XXIe siècle.

Force est de constater que notre pays continue à disposer

d'atouts majeurs : une démographie dynamique, une main-d'œuvre hautement qualifiée, des entreprises en situation de leadership mondial, une épargne abondante, des infrastructures performantes, une défense et une diplomatie reconnues, un patrimoine, une civilisation et un art de vivre inégalés. Par ailleurs, quelques changements ont été introduits à la marge et ont permis de freiner la chute de la compétitivité, de stabiliser le taux de marge des entreprises, de donner leur autonomie aux universités, de soutenir la recherche, de tenter de rationaliser le mille-feuille territorial. Cependant, contrairement aux politiques de modernisation poursuivies avec succès par l'Allemagne et la Suède, le Canada ou l'Australie, le modèle français n'a pas été transformé en profondeur.

Nous constituons aujourd'hui le meilleur cas de retournement potentiel du monde développé. Nulle part ailleurs le fossé n'est aussi béant entre les atouts et les performances. Changeons de politique, libérons les atouts de la France et elle étonnera de nouveau le monde! Et pour cela, faisons confiance aux Français qui sont bien mieux adaptés à la mondialisation qu'ils ne le pensent.

Nos concitoyens, forts de leur sens de l'improvisation, de leur créativité, de leur capacité à gérer des crises, disposent de toutes les qualités pour faire merveille dans la mondialisation. La réussite des entreprises françaises mondialisées le prouve, tout comme celle de nos compatriotes qui vivent et travaillent à l'étranger. Par ailleurs, notre pays est loin d'être mal positionné pour capter les sources de croissance. Les axes futurs de développement se situent dans la montée des classes moyennes du Sud, dans l'économie de la connaissance, de l'environnement et aussi dans le potentiel des seniors. Or nous disposons de compétences fortes dans ces domaines, de l'équipement des mégalopoles (urbanisme, infrastructures, environnement...) à la gestion des services publics en passant par les nouvelles applications de l'Internet, le tourisme ou la santé. La French Tech existe et sa réputation n'est pas surfaite. La France détient la plus rare des ressources : ses ingénieurs, si performants que nos concurrents se les arrachent! Donnons-leur les moyens de redynamiser notre industrie au lieu de les contraindre à l'exil! Épousons la mondialisation et développons l'économie du XXIe siècle sur le territoire national au lieu de laisser nos talents et nos cerveaux partir chez nos concurrents.

Le mal français et ses remèdes sont parfaitement connus. Ils ont été analysés et détaillés par le FMI, l'Union européenne, les sages allemands, la Cour des comptes, la Banque de France qui arrivent à des conclusions communes.

La France doit élaborer une stratégie de redressement originale, qui tienne compte de son histoire, de sa géographie et de sa démographie, et qui lui permette de valoriser ses nombreux atouts au lieu de les stériliser. Elle relève d'une thérapie de choc qui doit viser en priorité la reconstruction d'un appareil de production compétitif dans la mondialisation, et ce à travers cinq pactes.

Un pacte productif fondé sur la restauration de la profitabilité des entreprises par la baisse des prélèvements, condition du redémarrage de l'investissement et de l'emploi, ainsi que sur le renforcement de la concurrence. Le sauvetage de la production française est la première des clés pour le redressement national. Il passe par un travail patient pour améliorer tous les facteurs de production : la productivité du travail; le capital, via le démantèlement de la fiscalité confiscatoire qui le frappe et la création d'une base actionnariale française ; l'énergie, via la pleine valorisation de l'atout nucléaire et le développement raisonné des seuls renouvelables rentables ; l'innovation grâce au retrait du principe de précaution de la Constitution ; la promotion de la marque France.

Un pacte social associant la sortie des 35 heures, la flexibilité du marché du travail et la réforme de l'assurance chômage est aussi indispensable, tout comme *un pacte financier* prévoyant de diminuer de 100 milliards en cinq ans les 1 150 milliards d'euros de dépenses publiques grâce à la réforme de l'État, de l'organisation territoriale et de la protection sociale tout en réinvestissant dans l'État régalien, et notamment dans le budget de la défense qui devrait être porté à 2 % du PIB. *Un pacte citoyen* s'impose aussi, réintégrant les jeunes et les immigrés dans la communauté nationale, notamment par un vaste effort d'éducation et de formation tout au long de la vie. *Un pacte européen* enfin avec l'Allemagne, impulsant une spirale vertueuse entre les réformes structurelles réalisées au plan des nations, l'intégration renforcée de la zone euro, la relance du grand marché, la gestion active des flux migratoires, le réinvestissement dans la sécurité et la défense. Quand nous cesserons de parler des réformes pour les mettre en œuvre, la France se relèvera et l'Europe se remettra à fonctionner.

Les expériences étrangères prouvent que le redressement peut être réalisé en moins de cinq ans. Le Canada et la Suède dans les années quatre-vingt-dix, l'Allemagne avec son Agenda 2010 au début des années 2000, les États-Unis ou l'Espagne plus récemment ont montré qu'un grand pays développé pouvait très rapidement convertir son modèle économique et social pour renouer avec une croissance durable. Ces stratégies qui associent le redressement de la compétitivité, la réforme des services publics et le rétablissement des comptes publics ne sont pas le monopole du monde anglo-saxon ni de l'Europe du Nord. Elles nous livrent deux enseignements : il n'existe pas de norme en matière de réforme et chaque nation doit se réinventer en fonction de son histoire et de ses points forts ; seules les thérapies de choc réussissent car elles prennent de vitesse les corporatismes et obtiennent rapidement des résultats tangibles, indispensables pour recueillir le soutien des citoyens. Tous les autres pays développés, y compris l'Italie de Matteo Renzi, l'ont fait. À nous d'imaginer un modèle français original et performant dans le XXIe siècle !

Français, réinventez la France !

Aucune démocratie n'est épargnée par la crise identitaire. Nulle part cependant, la crise morale et existentielle n'est aussi intense. Le redressement passe, comme à la Libération, par une révolution intellectuelle et morale. Et celle-ci suppose une réinvention de la France dans le XXIe siècle. L'identité peut être un poison mortel si elle est érigée en culte d'une commémo-nation. Elle peut aussi devenir le levier du renouveau si le passé, au lieu de justifier l'éternel retour à des temps mythiques, sert de levier pour construire l'avenir. Si l'identité n'est pas conçue comme un carcan qui étouffe mais comme un instrument de mobilisation des citoyens.

Cette nation ne se définit ni par un peuple ni par une géographie. Elle est une histoire et une civilisation. Et cette histoire et cette civilisation sont politiques. Avec pour piliers l'unité, la souveraineté, la langue française et l'aspiration à l'universel.

La France n'a rien de naturel. Son unité résulte de la fédération d'une infinie diversité de paysages, de régions, de populations, de langues et de cultures. Elle est le fruit d'une histoire millénaire qui a vu la monarchie puis la République rassembler cette diversité en une nation à travers la création de l'État moderne et la centralisation. La durée comme la fragilité de ce processus expliquent l'obsession de la cohésion nationale et la hantise de la guerre civile, religieuse ou politique, qui a dévasté à plusieurs reprises notre pays jusqu'à menacer sa survie.

La France, avec l'Angleterre et les États-Unis, a contribué à enfanter la liberté politique. La révolution anglaise a imposé l'*Habeas Corpus*, garant des libertés individuelles, et donné naissance au Parlement. Les États-Unis ont imaginé la Constitution et mis en acte la séparation des pouvoirs. La Révolution française pour sa part a consacré les droits de l'homme et la souveraineté. La liberté résulte d'un processus et d'une raison purement politiques, écartelés entre l'individu et la nation qui s'incarne dans l'État, sans la médiation d'un principe transcendant ou de corps intermédiaires. Cette tension contribue à expliquer l'instabilité constitutionnelle chronique de la France depuis 1789. Le primat absolu du politique a pour corollaire la relégation de l'économie à une question d'intendance, contrairement au rôle fondamental qu'elle a joué dans le développement et l'indépendance des cités commerçantes d'Italie, d'Allemagne ou des Pays-Bas.

Notre langue, que nous n'osons plus parler, a fédéré l'Europe et ses élites du XVIIe jusqu'au XIXe siècle, alors qu'elles dominaient le monde. Ce temps est révolu mais sa diffusion et sa puissance restent sous-estimées. La planète comptera 770 millions de francophones en 2050. Le français reste indissociable du rayonnement d'une culture et d'une civilisation qui continuent à fasciner, y compris au sein des pays émergents ; il est aussi une langue des affaires et de la pensée scientifique.

André Malraux rappelait à juste titre que « la France n'est grande que lorsqu'elle parle à tous les hommes ». Elle est une nation ouverte puisque la citoyenneté repose avant tout sur un choix individuel en faveur de la nation et de ses valeurs. En principe, on ne naît pas français ; on le devient en s'éduquant à la liberté et à l'exercice de la raison critique. La France est bien dans l'esprit une nation d'immigration. Mais cette immigration doit reposer sur la volonté de partager son destin et ses idéaux, non sur la captation des bénéfices d'un État-providence exsangue.

Il existe donc un lien intime entre la France et la liberté et la dignité des hommes. Ce lien dépasse les frontières de notre territoire. Mais le pays n'a pas toujours été à la hauteur de son héritage et des valeurs qu'il incarne. Le fil de son histoire a été rompu à la fin du XXe siècle par plusieurs décennies d'abaissement et de renoncement ; il doit être renoué. La génération de dirigeants irresponsables qui ont détruit l'identité de la France en cherchant à la manipuler en est incapable : comme sous Vichy, l'État et ses pseudo-serviteurs ont trahi. Il revient donc aux Français, notamment aux jeunes générations ouvertes sur le monde, de se réapproprier leur destin.

L'élection de la dernière chance

Jamais depuis les années trente, la France n'a été confrontée à de tels défis intérieurs et extérieurs. Jamais depuis les années trente, les institutions et la classe politique n'ont été aussi paralysées. La France relève d'une thérapie économique de choc assortie d'une révolution politique et intellectuelle. Or la loi d'airain des partis est en passe de broyer la Ve République comme elle a détruit la IIIe.

Les démocraties ne peuvent être modernisées que par leurs citoyens. La mondialisation, l'Union européenne, la zone euro ou les marchés financiers ne sont pas davantage responsables du déclin de la France qu'ils ne peuvent la transformer. Il revient aux Français de rompre avec la momification du modèle des Trente Glorieuses et de se remettre au travail. Or l'élection présidentielle est la clé de voûte de notre vie politique : elle permet aux citoyens de décider de leur destin et à la nation de s'inventer un futur.

L'élection de 2017 se présente donc comme la dernière chance pour réformer notre pays avant qu'il ne bascule dans la violence et que sa faillite n'emporte la monnaie unique. Václav Havel rappelait que « le rôle d'un citoyen n'est pas tant de juger les dirigeants politiques que de dire la vérité ». Le destin de la France est entre les mains de ses citoyens. Eux seuls peuvent exiger que 2017 ne plagie pas la démagogie de 2012 mais soit placé sous le signe de la vérité. Vérité sur la situation du pays. Vérité sur les transformations du monde. Vérité sur les atouts et les chances de la France dès lors qu'elle se remet à produire, à travailler, à créer, à enseigner. Vérité sur la nécessité de refonder une nation qui cesse de subir et de commémorer le passé pour agir et se projeter dans le XXIe siècle.

La bonne nouvelle ? Les Français sont en avance sur leurs dirigeants et évoluent rapidement en faveur des réformes. Nos concitoyens ont conscience du caractère critique de la situation. Ils sont humiliés par le mépris qu'elle suscite aujourd'hui dans le monde. Ils sont convaincus de la nécessité de suivre une thérapie de choc. Ils plébiscitent la famille et l'entreprise. Ils se prononcent très largement en faveur de la fin des 35 heures, de la flexibilité du travail, de la baisse de la fiscalité, de la réduction des dépenses publiques et du nombre de fonctionnaires. Ils approuvent le réinvestissement dans l'État régalien. Ils comprennent que la reconstruction d'un État moderne, apte à assurer notamment la sécurité du territoire et de la population, a pour condition la maîtrise des dépenses sociales. Ils mesurent la gravité des menaces stratégiques que constituent l'islamisme et les nouveaux empires. La base sociologique pour le changement est donc solide. Seul manque l'essentiel, à savoir une capacité de leadership, une stratégie, une vision et une espérance.

La course de vitesse est relancée entre les réformes et la révolution. Nous disposerons de cinq années pour moderniser la France de manière pacifique et démocratique ou pour la voir s'enfoncer dans une crise politique majeure. Le temps est désormais compté, comme le montre le naufrage de la Grèce. À Paris comme à Athènes, le mot d'ordre lancé par Périclès au début de la guerre du Péloponnèse reste actuel : « Ce sont les hommes et non les pierres qui constituent le meilleur rempart des cités. »

V

Le grand réveil des nations et des religions

> « Il n'y a au monde que le patriotisme et la religion qui puissent faire marcher pendant longtemps vers un même but l'universalité des citoyens. »
>
> Alexis de Tocqueville

L'histoire se cristallise autour d'événements clés – de nœuds, pour reprendre l'expression utilisée par Soljenitsyne –, au premier rang desquels figurent, lorsque les réformes ont échoué, les révolutions. La Grande Guerre donna naissance à la révolution d'Octobre 1917 puis au fascisme et au nazisme, avec le concours de la paix manquée de 1919 et de la crise des années trente. Les idéologies de la race s'effondrèrent militairement en 1945 ; l'idéologie de la classe se désintégra politiquement en 1989.

Entre 1945 et 1989 se déroulèrent trois types de révolutions. Les premières accompagnèrent la constitution du bloc soviétique et la création des démocraties populaires, selon le scénario testé par Staline au cours de la guerre d'Espagne[1].

1. François Furet, *Le Passé d'une illusion : essai sur l'idée communiste au XXe siècle*, Paris, Calmann-Lévy-Robert Laffont, 1995.

L'ultime avatar en a été l'invasion de l'Afghanistan en 1979. Les révolutions de deuxième type se déroulèrent dans ce qui devint le tiers-monde. Elles mêlaient les conflits pour la conquête de la souveraineté nationale et le choix du modèle socialiste de parti unique et d'économie planifiée contre l'Occident, la troisième voie entre libéralisme et socialisme restant un mythe. Elles s'étendirent ainsi de la naissance de la Chine populaire de Mao à la chute du Vietnam et du Cambodge en 1975 en passant par la prise du pouvoir par Fidel Castro à Cuba en 1959 ou par la désintégration de l'Empire portugais en 1974.

Les révolutions récentes, démocratiques, connurent des destins divers. Elles triomphèrent le plus souvent dans le bloc occidental ; en témoigne la révolution portugaise des Œillets et la sortie de la dictature des Colonels grecs en 1974, ou encore la transition espagnole après la mort de Franco en 1975. En revanche, elles furent réprimées dans le sang par l'Armée rouge au sein du bloc soviétique lors des soulèvements populaires de Berlin (1953), de Hongrie (1956), de Tchécoslovaquie (1968) et de Pologne (1981), qui exprimaient la volonté des peuples asservis par l'URSS de retrouver leur liberté.

Deux mouvements se distinguèrent par leur nature singulière. Le premier, sans lendemain, fut la révolution introuvable de 1968 qui parut fédérer la jeunesse du monde dans la contestation : contre la société de consommation, contre la guerre du Vietnam – en France et aux États-Unis –, contre le totalitarisme soviétique à travers le Printemps de Prague et aussi, à Mexico, contre les régimes autoritaires et corrompus du tiers-monde. La chimère d'une révolution mondiale apparut rapidement pour telle. Mais ces révoltes sapèrent la foi dans le communisme et prirent acte de la défaite politique des États-Unis au Vietnam. Avec elle s'acheva la République impériale sous les coups croisés des chocs pétroliers, de la poussée soviétique, de la crise politique et institutionnelle ouverte par le scandale du Watergate et la démission de Richard Nixon, le 9 août 1974. Le second type de soulèvement, dont le poids reste très actuel, fut la révolution iranienne. Elle fut incomprise, mise à tort à l'actif de l'Union soviétique et de sa politique de percée vers les mers chaudes alors qu'elle marquait le réveil des religions.

En dépit de la multiplication des conflits périphériques et de la poussée soviétique en Asie, en Amérique latine et en Afrique au cours des années soixante-dix, la révolution communiste ne parvint pas à s'universaliser. Elle resta contenue, y compris dans le tiers-monde, comme en atteste l'échec sanglant de la stratégie des foyers de libération (focos) promue par Che Guevara en Amérique latine. Ses gains territoriaux furent plus que compensés par sa perte de légitimité qui trouvait sa source dans la stagnation économique et la paupérisation des sociétés, dans le mépris envers une nomenklatura vieillissante et corrompue, enfin dans le discrédit de l'idéal communiste. Tout aussi importants que la résistance de l'Occident furent le rôle des dissidents, notamment le choc intellectuel créé par Soljenitsyne, et la tragédie du génocide cambodgien par les Khmers rouges. Dès lors, le voile de déni qui couvrait la terreur se déchira.

L'effondrement du soviétisme prit de court les dirigeants, les stratèges et les analystes. Avec lui prenait fin le mythe de la révolution communiste en même temps que la division du monde en deux blocs. Dans la foulée, l'universalisation du capitalisme et le décollage des pays émergents firent exploser les notions de tiers-monde et de non-alignement, les théories de troisième voie et les alternatives à l'économie de marché, le clivage entre le Nord et le Sud enfin.

Sur les décombres des États totalitaires apparurent des sociétés plus autonomes et promptes à se mobiliser. Des ruines des idéologies resurgirent les passions nationalistes et religieuses avec une vigueur décuplée par une longue répression. Dans l'immense vide politique créé par la désintégration des empires prospérèrent de nouveaux modèles et modes d'action révolutionnaires, animés par l'exacerbation des sentiments identitaires.

1979 ou le retour de la religion

La révolution iranienne de 1979 a ouvert une nouvelle ère. Elle est en effet la première révolution des temps modernes à ne pas avoir été inspirée par l'Occident. Depuis le XVIIIe siècle, le principe révolutionnaire résidait soit dans les principes démocratiques des révolutions anglaise (l'*Habeas Corpus*), américaine (la Constitution) ou française (les droits de l'homme et la souveraineté nationale), soit dans le droit des peuples à disposer d'eux-mêmes, soit dans la volonté de rattrapage des pays les plus avancés – à l'image du Japon de l'ère Meiji –, soit dans le marxisme qui fut au libéralisme ce que le sauvageon est au rosier.

La révolution iranienne a certes été rendue possible par la poussée soviétique et l'affaiblissement des États-Unis au cours des années soixante-dix. Elle s'inscrivit au cœur du regain de la guerre froide qui vit le basculement dans le camp communiste du Vietnam et du Cambodge, de l'Éthiopie, de l'Angola et du Mozambique, du Nicaragua, du Yémen puis enfin de l'Afghanistan. Mais sa logique tranche parce qu'elle a mobilisé la jeunesse et les classes moyennes issues de l'urbanisation et de l'industrialisation au service d'une interprétation fondamentaliste de l'islam, en rupture aussi bien avec le libéralisme qu'avec le communisme, donc avec la modernité portée par l'Occident.

Le réveil parallèle de la société iranienne et de l'islam fut provoqué par la modernisation à marche forcée lancée par le régime du Shah. Celui-ci entendait ériger l'Iran en puissance régionale à partir du transfert des paysans vers les villes, d'un effort d'industrialisation financé par les revenus du pétrole et bénéficiant d'un dispositif de protection face à la concurrence internationale, d'un investissement massif dans l'éducation, les infrastructures et les technologies, notamment dans le domaine nucléaire. Cette stratégie s'adossait à un puissant appareil répressif à l'intérieur et à l'alliance avec les États-Unis à l'extérieur.

La révolution islamique fut le fruit de cette ambition qui opposait le bouleversement de l'économie et de la société au caractère dictatorial et fermé du régime. La crise qui découla des ratés de l'industrialisation, la hausse des prix des biens alimentaires et de première nécessité, la brutalisation d'une société dont des pans entiers restaient très traditionnels provoquèrent une insurrection des villes, où les étudiants religieux jouèrent un rôle décisif. L'exil du Shah en janvier 1979 créa un vide qui ne bénéficia ni aux libéraux ni aux communistes, mais au clergé chiite. La coalition hétéroclite des opposants au Shah bascula rapidement en faveur de l'ayatollah Khomeiny qui, seul, disposait d'un programme politique mêlant nationalisme et théocratie.

La construction de la République islamique résista tant à sa mise en quarantaine par l'Occident qu'à la terrible guerre avec l'Irak. La révolution théocratique ne parvint pas à s'exporter au-delà de Téhéran. Les tentatives de soulèvements en Syrie ou la sanglante guerre civile algérienne, qui fit plus de morts que la guerre d'indépendance, se soldèrent par autant de défaites de l'islam politique. Mais l'Iran imposa le retour de la théocratie comme une référence dans le monde arabo-musulman et devint un foyer d'exportation de la violence radicale et du terrorisme. Celui-ci ne cessa de gagner en ampleur et en intensité, passant d'actes isolés à l'assassinat de dirigeants comme Anouar el-Sadate en Égypte en 1981, à l'attaque des Lieux saints de La Mecque, à l'engagement dans les guerres de l'ex-Yougoslavie ou du Caucase ensuite. On assista alors à la conquête d'États effondrés tels que l'Afghanistan des talibans puis aux frappes contre les puissances occidentales : États-Unis avec les attentats du 11 septembre 2001, France, Royaume-Uni ou Espagne. La dynamique du fanatisme religieux n'a ainsi cessé de se propager depuis 1979 sous des formes de plus en plus complexes et variées. Les tensions croissantes entre chiites et sunnites, qui explosèrent à la suite des révolutions du monde arabo-musulman, n'ont cessé depuis de croître.

C'est d'Iran qu'est de nouveau partie l'onde de choc qui déstabilisa les autocraties du Maghreb et du Moyen-Orient. Elle naquit à Téhéran en 2009 avec la répression sauvage du Mouvement vert qui contestait l'élection truquée de Mahmoud Ahmadinejad. Trente ans après, la société iranienne se souleva de nouveau, cette fois contre les dérives de la République islamique.

Pour assurer sa survie face au mécontentement croissant de la population et à sa mise au ban de la communauté internationale, le régime des ayatollahs a organisé la terreur tout en cherchant à se sanctuariser par l'arme nucléaire. Un gigantesque appareil de répression a été organisé autour des Pasdarans, qui ont parallèlement pris le contrôle du tiers de l'économie et organisent la contrebande génératrice d'une corruption endémique. En réponse aux accusations de l'administration Bush d'être un pilier de l'« axe du mal » et en réponse aux interventions militaires américaines en Irak et en Afghanistan, l'Iran a engagé un programme nucléaire militaire.

Les sanctions internationales qui ont alors été mises en place se sont cependant révélées efficaces. L'embargo sur le commerce pétrolier et les transactions financières a divisé par deux les exportations de pétrole qui représentaient 55 % des recettes publiques. En dépit de la quatrième réserve mondiale de pétrole et de la première réserve mondiale de gaz – devant la Russie –, l'Iran est en faillite. Il cumule la récession, une inflation supérieure à 31 %, un effondrement de la valeur du rial et une explosion du chômage qui touche plus de 12 millions de personnes. La paupérisation rapide de la population a exacerbé l'impopularité du régime, entraînant la multiplication des grèves, des manifestations au sein du bazar, l'insurrection de 2009 qui fut réprimée dans le sang, puis l'élection de Hassan Rohani lors du scrutin du 14 juin 2013. Elle sonna comme un référendum contre les conservateurs et leurs hommes de main, conduits par Mahmoud Ahmadinejad, et ouvrit la voie à l'accord de

Genève sur le nucléaire et aux négociations sur la levée des sanctions.

La République islamique se heurte aujourd'hui à une impasse sur le plan intérieur. La révolution de 2009 a été écrasée mais survit dans les têtes. La théocratie dirigée par Ali Khamenei est délégitimée et se trouve dans une situation voisine de celle de l'Union soviétique de Leonid Brejnev. La foi des citoyens dans le régime a disparu et la crainte qu'il inspire s'affaiblit ; il ne peut ni se consolider ni se réformer. Mais à l'extérieur, le chaos qui s'est installé en Irak puis en Syrie a favorisé la constitution d'un vaste croissant chiite qui s'étend jusqu'à la bande de Gaza ; le gouvernement de Bagdad, Bachar al-Assad à Damas, le Yémen, le Hezbollah et le Hamas en sont les relais. Et cela, au prix d'une guerre ouverte à l'islam sunnite, notamment l'Arabie Saoudite contre laquelle les Iraniens multiplient les attentats et les cyberattaques ciblant les installations pétrolières. Ainsi, le djihad s'est retourné contre l'islam en intriquant la guerre contre l'Occident et la lutte à mort entre sunnites et chiites, entre des États effondrés par la guerre civile et des djihadistes cherchant à restaurer un califat islamique.

La tragédie iranienne reste celle d'une modernisation ratée, car portée depuis 1925 par une dynastie de plus en plus dictatoriale, les Pahlavi, et par les puissances occidentales. Il n'existe pas aujourd'hui de classe politique ou de projet alternatifs. Le drame se dénouera donc de l'intérieur. Soit à la soviétique, par un effondrement interne du régime. Soit à la chinoise, par un nouveau cours, plus libéral, du régime. L'Iran dispose en effet de tous les atouts pour prendre place dans une nouvelle vague de pays émergents et rejoindre les rangs du G20 : une population dynamique, une classe moyenne éduquée, une forte tradition d'entrepreneurs et de commerçants, de formidables ressources naturelles, une forte cohésion nationale ancrée dans une civilisation millénaire.

La révolution de la liberté

La grande révolution démocratique du XXe siècle reste celle de 1989. Elle clôtura l'âge des empires idéologiques. La chute de la dictature de Salazar au Portugal ou des Colonels en Grèce et la transition postfranquiste en Espagne corrigeaient des anomalies au sein du bloc occidental sans modifier l'équilibre mondial. La disparition du soviétisme fit naître un nouveau monde.

La désintégration de l'empire soviétique fut intérieure. Le coup de grâce fut donné par le haut, avec les réformes lancées par Iouri Andropov en 1983 et amplifiées par la stratégie de perestroïka – ou restructuration – et de glasnost – ou transparence – lancée par Mikhaïl Gorbatchev en 1985. Elle s'emballa quand les peuples européens, libérés de la peur, votèrent avec leurs pieds, notamment en RDA, précipitant la chute des régimes communistes et l'éclatement de l'Union soviétique. Ainsi le bicentenaire de la Révolution française vit en quelques mois la Pologne, la Tchécoslovaquie, la Hongrie, la Roumanie, la Bulgarie, les pays Baltes recouvrer leur souveraineté tandis que la RDA disparaissait, confirmant que les démocraties populaires constituaient le talon d'Achille de l'empire. L'ordre de la guerre froide s'effondra en à peine deux ans. L'URSS fut liquidée et la Russie revint à ses frontières de Pierre le Grand. L'Europe retrouva sa souveraineté et son unité. L'Allemagne se réunifia.

Ce dénouement aussi inattendu que miraculeux fut le fruit de la paralysie de l'Union soviétique et de son incapacité à se réformer. Comme le remarque Pierre Hassner, les réformateurs avaient raison d'affirmer que le système était condamné par la stagnation économique, la fermentation sociale, la perte de légitimité d'une gérontocratie corrompue et les coûts croissants du fardeau impérial ; mais les conservateurs avaient raison de souligner que la réforme, en supprimant la peur après le dévoilement du mensonge, impliquait la liquidation du système. De fait, Mikhaïl Gorbatchev détruisit le régime qu'il se proposait de sauver. En effet, le défi qu'il espérait relever était impossible. Par une remarquable ironie de l'histoire, l'Union soviétique présentait dans les années quatre-vingt tous les traits qui avaient conduit Marx à prédire le caractère inéluctable de la révolution dans le monde capitaliste : la baisse tendancielle de la production et de la productivité ; la paupérisation et l'aliénation des masses ; l'oppression de la périphérie par le centre.

À l'origine de la révolution de 1989, on trouve la défaite de l'Union soviétique et la révolte des peuples de l'Europe de l'Est qui firent la décision, en trempant leur mobilisation dans le sentiment national, l'opposition à l'occupation russe et la foi religieuse, à l'image de la Pologne de Solidarnosc. Mais on ne trouve point de victoire des démocraties ; elle fut tout au plus acquise par défaut. Leur résistance à la pression politique et aux menaces militaires de Moscou doit naturellement être mise à leur crédit. La stratégie de l'endiguement et de la dissuasion nucléaire se révéla efficace, jusque lors de l'ultime crise des euromissiles qui fit vaciller le destin de l'Europe. Et l'épreuve de force dans laquelle s'engagea l'Amérique de Ronald Reagan – sous la forme d'une course aux armements et à la technologie – contribua certes à épuiser l'URSS. Mais le sentiment de toute-puissance et la démesure qui s'emparèrent des États-Unis après la chute de l'URSS reposaient sur un colossal contresens historique. De même furent sous-estimés le vide politique et les séquelles laissés par la fin du communisme.

La disparition de l'Union soviétique ruina l'idéologie communiste, qui ne survit qu'à l'état résiduel en Corée du Nord et à Cuba ou comme support formel au parti unique en Chine ou au Vietnam. L'onde de choc provoqua un progrès de la démocratie en Europe, en Amérique latine et en Afrique. La transition vers la liberté politique et économique, couplée à la réorientation des échanges vers l'Occident, fut particulièrement rapide dans les anciennes démocraties populaires, qui n'avaient été soviétisées que durant moins d'un demi-siècle et qui conservaient le souvenir des valeurs et des institutions des nations libres.

À l'inverse, la brutalisation de la société russe par près de soixante-quinze années de totalitarisme, avec leur cortège de terreur, de guerres et de massacres de masse, rendit impossible le passage de la Russie à une véritable démocratie. La désintégration de l'URSS déboucha sur le chaos et les troubles de la présidence de Boris Eltsine. Puis vint la restauration du pouvoir de l'État par Vladimir Poutine à partir de 2000, axée sur des structures de force – notamment du FSB –, le contrôle des grands monopoles du secteur des matières premières, le nationalisme russe et la religion orthodoxe. Au même moment, en Chine, les manifestations du Printemps de Pékin qui militaient pour que la libéralisation politique prolongeât celle de l'économie furent écrasées place Tienanmen.

À Moscou, le retour à l'autocratie qui succéda à la dictature du Parti communiste se légitima par la redistribution des revenus tirés des hydrocarbures ainsi que par le culte du nationalisme russe et la réhabilitation de l'orthodoxie. À Pékin, le maintien du contrôle du PCC sur l'État et la société fut adossé à l'hypercroissance capitaliste, à la revanche sur les traités inégaux du XIXe siècle via la réintégration de Hong Kong, de Macao et demain de Taïwan, et à l'affirmation d'une politique de puissance dont l'objectif consiste à supplanter les États-Unis. Dans le premier cas, le nationalisme couplé au renouveau religieux sert de paravent à la réforme économique. Dans le second cas, le nationalisme justifie l'accélération de l'ouverture économique et le refus de l'ouverture politique.

L'impérialisme, stade suprême du communisme

Les guerres du XXe siècle avaient apparemment discrédité le nationalisme. L'Europe en fut l'exemple, elle qui, dévastée par l'affrontement des nationalismes, se reconstruisit après 1945 en s'engageant dans un mouvement d'intégration continental pour prévenir les conflits armés. La mondialisation et la fin des idéologies ont libéré l'expression des sentiments identitaires et réhabilité les passions nationales que l'on prétendait mortes. Le nationalisme effectue ainsi un retour en force sur tous les continents.

La désintégration de l'Empire soviétique et du communisme libéra les sentiments nationaux. Pour le meilleur, avec la souveraineté retrouvée des nations de l'Europe de l'Est, qui inaugura le séparatisme et la création de nouveaux États avec la scission de Velours entre la République tchèque et la Slovaquie. Pour le pire, avec le projet de grande Serbie de Milosevic et les guerres qui accompagnèrent l'éclatement de l'ex-Yougoslavie. Les guerres du Caucase jouèrent un rôle majeur dans la conquête puis la légitimation du pouvoir de Vladimir Poutine en Russie. Ce dernier lie pouvoir personnel et renouveau impérial fondé sur le culte du nationalisme et la défense de l'orthodoxie. Il s'inscrit ainsi dans le droit fil du jugement de Montesquieu dans *L'Esprit des lois* : « La Moscovie voudrait descendre de son despotisme et ne le peut pas… Le commerce même contredit ses lois. Le peuple n'est composé que d'esclaves attachés aux terres, et d'autres esclaves qu'on appelle ecclésiastiques ou gentilshommes, parce qu'ils sont les seigneurs de ces esclaves. Il ne reste donc guère personne pour le tiers-état, qui doit former les ouvriers et les marchands. »

Après l'échec de l'expérience démocratique de la décennie quatre-vingt-dix qui s'est achevée par le krach financier de 1998, la Russie était désespérément en quête de stabilité. Le mérite de Vladimir Poutine consista à la rétablir sur tous les plans. Au niveau de l'État avec le rétablissement de l'autorité et de l'ordre public et financier. Au niveau de la nation et de ses frontières avec la normalisation en Tchétchénie autour du régime de Kadyrov. Au niveau économique et social avec la gestion efficace de la manne des hydrocarbures qui permit, dans les années 2000, de générer une croissance proche de 6,5 %, de relancer l'investissement tout en augmentant les salaires de 15 % par an, de désendetter l'État et d'accumuler 450 milliards de dollars de réserves de change.

Le paradoxe de Poutine réside dans l'alliance entre la restauration de l'État et le culte de la personnalité, le renouveau de l'impérialisme russe et la constitution d'une classe moyenne urbaine, éduquée et ouverte sur le monde qui compte plus de 90 millions de personnes. La crise ukrainienne, en déchaînant les passions nationalistes et religieuses, a ruiné cet équilibre précaire. À l'intérieur, elle justifie la répression de toute forme d'opposition – par l'emprisonnement, l'exil ou l'assassinat – et un effort de propagande sans précédent depuis la fin du soviétisme. Elle plonge l'économie russe dans la récession en la coupant de ses marchés, de ses financements, des technologies vitales pour son développement. À l'extérieur, elle ouvre une seconde guerre froide qui menace la stabilité du continent européen et modifie la balance des forces au Moyen-Orient.

Sous l'impulsion de l'homme du KGB, l'impérialisme s'affirme comme le stade suprême du communisme. Staline définissait le communisme par « le pouvoir des Soviets plus l'électrification du pays ». Poutine conçoit la Russie comme le pouvoir de l'empire plus le gaz. Ainsi la Révolution de 1917 s'acheva-t-elle comme celle de 1789 dans le césarisme. Les contradictions s'accroissent à tous les niveaux : entre le renouveau impérial et l'effondrement démographique, le despotisme et la modernisation économique, les aventures militaires extérieures et la priorité à la stabilité, la stratégie de confrontation avec l'Occident et l'intégration dans l'OMC, l'isolement diplomatique et la volonté de reconnaissance internationale. À terme, le retour au despotisme ne laissera à la Russie que la guerre et les ruines, les cadavres et la misère.

Le nationalisme et l'impérialisme ne sont cependant pas l'apanage de l'ancien empire soviétique. Ils sont également très présents au sein des pays émergents, notamment en Asie. Le développement et l'interdépendance économiques ne débouchent pas sur la pacification des relations politiques mais sur l'exaltation des passions nationales, le durcissement des conflits de mémoire, la rivalité des ambitions de puissance. Les moteurs sont économiques, à l'image du néocolonialisme de la Chine en Afrique, qui mobilise sa nouvelle puissance financière pour sécuriser son accès aux matières premières stratégiques, mais surtout politiques. S'ensuivent une course aux armements, particulièrement dans le domaine naval, et la multiplication des incidents militaires. Notamment des affrontements entre la Chine et le Japon autour des îles Senkaku avec l'établissement par Pékin d'une zone d'exclusion aérienne ; entre la Chine et le Vietnam à propos de l'installation d'une plate-forme pétrolière dans la zone économique revendiquée par Hanoï : des combats ont éclaté, suivis de pogroms antichinois. Même débat entre la Chine et les Philippines à propos des hauts-fonds de Scarborough. Le nationalisme japonais, quant à lui, a été réaffirmé par Shinzo Abe qui a modifié l'interprétation de l'article 9 de la Constitution pour lever les restrictions au recours à la force armée, face au durcissement des différends territoriaux et des polémiques sur l'histoire du XXe siècle avec la Chine et la Corée.

Le nationalisme n'est nullement une relique du passé ; il est l'une des forces historiques fondamentales du XXIe siècle. S'il permet de relégitimer à court terme des dirigeants en mal de popularité, il est gros de risques majeurs, comme l'a montré le XXe siècle. Pour autant, la divinisation de la nation, qui va de pair avec la revendication violente de sa suprématie, ne doit pas être confondue avec le patriotisme qui reste le cœur légitime des sentiments d'appartenance politique. Le nationalisme ne doit pas être combattu par la négation de la nation, mais par l'éducation, la revitalisation de la citoyenneté, l'ouverture des économies et des sociétés, la pleine intégration des puissances du Sud à l'effort de stabilisation du monde.

Les révolutions du monde arabo-musulman

Les révolutions qui affectèrent le monde arabo-musulman à partir de 2011 partagent avec celle de 1989 de n'avoir été ni prévues ni anticipées. La chute de Ben Ali en Tunisie puis celle d'Hosni Moubarak en Égypte éclatèrent comme autant de coups de tonnerre dans un ciel que l'on pensait à tort serein. L'insurrection iranienne de 2009 avait pourtant montré, entre autocratie et islam radical, le réveil des sociétés musulmanes.

Le Printemps arabe a éclos en Tunisie. Sous la direction de Ben Ali, le pays avait connu un développement économique régulier, fondé sur les services et le tourisme ainsi que sur l'émergence d'une classe d'entrepreneurs dynamiques. Au prix cependant d'un chômage massif des jeunes, notamment des diplômés, d'inégalités de plus en plus criantes, d'une corruption endémique qui faisait la part belle aux proches du Président, enfin d'une répression féroce des partis d'opposition et des islamistes. Le soulèvement, né de l'immolation par le feu d'un vendeur ambulant victime du racket policier, emporta en quelques semaines le régime qui tenait le pays d'une main de fer depuis 1987.

L'onde de choc gagna l'Égypte : véritable laboratoire des mutations du monde arabe, elle fut le berceau des Frères musulmans en 1928, du coup d'État de Nasser qui, en

1952, inventa le nationalisme arabe, du renversement des alliances au bénéfice des États-Unis puis de la paix en Israël réalisés par Anouar el-Sadate avant son assassinat. Les manifestants de la place Tahrir provoquèrent le départ d'Hosni Moubarak, le 11 février 2011, abandonné par l'armée et par l'Occident en raison de sa tentation dynastique et d'une corruption tentaculaire. La révolution, comme en Tunisie, fut confisquée par les fondamentalistes islamiques, seule force d'opposition organisée, à l'occasion des élections législatives (42 % des voix aux Frères musulmans), puis présidentielles (52 % des voix à Mohamed Morsi en juin 2012) ; ils furent à leur tour dévorés par la dynamique révolutionnaire. En 2011 pourtant, la chute successive de deux des autocraties les plus puissantes libéra de la peur les sociétés qui entrèrent en mouvement dans l'ensemble du monde arabo-musulman, du Maroc à la Turquie en passant par la Libye, la Syrie et le Yémen, l'Arabie Saoudite et Bahreïn. Seul le Qatar fit exception.

Le réveil des peuples arabes connut un destin très divers, sans parvenir à promouvoir une nouvelle donne plus favorable au développement économique, à la justice et à la dignité des hommes. La contestation fut désarmée par des signaux d'ouverture au Maroc, par le souvenir de la terrible guerre civile des années quatre-vingt-dix en Algérie, par une redistribution massive des réserves pétrolières dans les monarchies du Golfe. Elle fut violemment réprimée à Bahreïn. Elle déboucha sur la guerre civile en Syrie, où le régime de Bachar al-Assad survit au prix de 250 000 morts et de 11 millions de réfugiés, en Libye, où le renversement du colonel Kadhafi, dû à l'intervention des forces occidentales conduites par la France, a débouché sur le chaos, et au Yémen, où les milices houthis, soutenues par l'Iran, affrontent le camp présidentiel appuyé par l'Arabie Saoudite.

Trois ans après la chute de Ben Ali et de Moubarak, la révolution a connu une même confiscation par les islamistes et un même échec de leurs gouvernements avant de diverger. En Tunisie, la prise du pouvoir par le parti Ennahda aboutit rapidement à un désastre économique et social, avec la récession et le chômage, mais aussi politique et stratégique, avec la vague d'assassinats de leaders libéraux et de défenseurs des droits de l'homme ainsi que la dégradation de la situation sécuritaire et la multiplication des attentats par les groupes islamistes profitant du chaos libyen. En 2013, le pays était au bord de la guerre civile. Ennahda accepta alors de s'effacer au profit d'un gouvernement de transition qui permit le vote d'une Constitution progressiste par 92 % de la population au début de 2014.

En Égypte, Mohamed Morsi fut destitué, le 3 juillet 2013, sous la pression des manifestations qui ramenèrent les généraux au pouvoir derrière le maréchal al-Sissi. Le premier président égyptien démocratiquement élu fut moins renversé par les militaires que par la mobilisation du peuple. Les islamistes déçurent plus vite encore que les autocrates. Mohamed Morsi a cumulé la faiblesse du leadership et l'autoritarisme, se coupant de la population tout en affermant l'État aux Frères musulmans. La corruption et les violences policières sont allées de pair avec la montée de l'insécurité. Surtout, la crise économique et sociale s'est emballée avec l'effondrement de 30 % du tourisme, l'envol du chômage qui touche 20 % de la population active, les pénuries de produits de première nécessité. L'économie égyptienne fut prise en étau par l'explosion du déficit budgétaire, la déliquescence du secteur public, et la crise de la balance des paiements qui provoqua l'effondrement de la livre. La prise du pouvoir par le maréchal al-Sissi, plébiscité par une très grande majorité d'Égyptiens, s'imposa comme la dernière chance de prévenir l'effondrement de l'État et la plongée dans une guerre civile à la syrienne.

Force est de constater que le Printemps arabe a débouché sur un nouvel échec de l'islam politique, venant après la débâcle des expériences de modernisation soutenues par les États-Unis ou se réclamant des modèles socialistes. L'impasse dans laquelle se trouve enfermé le monde arabo-musulman renvoie au cumul de quatre fléaux : l'absence de démocratie, bloquée par les structures tribales, le nationalisme autoritaire des militaires et l'islamisme ; l'échec du développement ; la spirale infernale de la pauvreté et des inégalités ; enfin la condition des femmes.

Les soulèvements n'ont pas conduit à la démocratisation mais au déchaînement de la violence. Le Moyen-Orient est ainsi devenu, au croisement de la guerre civile, de l'effondrement des États et des rivalités de puissance, le théâtre d'opérations privilégié du djihad. Pour autant, le réveil des sociétés arabes comporte une part d'espoir. Il est en effet indissociable de l'émergence d'une classe moyenne émancipée et d'une jeunesse urbaine éduquée qui refuse de céder à la peur et de se soumettre aux traditions. Il traduit la volonté de certains peuples de prendre leur destin en main en échappant aux manipulations par les puissances extérieures à la région. Il peut ouvrir la voie à un programme de réformes qui permettrait à ces pays d'exploiter leur formidable potentiel.

Max Weber soulignait que « la révolution n'est pas un

carrosse dont on descend à volonté». Les révolutions du XXIe siècle n'obéissent pas à de grands principes, tels que le droit des peuples à disposer d'eux-mêmes, la démocratie ou le marxisme. Elles renvoient à des logiques multiples qui s'enchevêtrent : crise économique et sociale, protestation contre la corruption et l'arbitraire, indépendance nationale, foi religieuse. L'aspiration à la liberté et à la dignité des hommes n'est pas absente, mais elle se trouve le plus souvent surplombée par des revendications identitaires qui font la part belle au nationalisme et à la religion. La révolution garde toujours une dynamique d'ascension de la violence aux extrêmes, qui conduit à la guerre civile et extérieure si elle n'est pas désarmée. On le constate en Syrie, en Libye ou en Ukraine : incontrôlable par le haut, via des superpuissances ou via l'ONU, elle se propage sur le terrain, par le bas, avec la mobilisation des militants ou des djihadistes.

Le ressort révolutionnaire dévastera l'histoire du XXIe siècle s'il n'est pas désarmé. Il n'est plus mis au service de la toute-puissance de l'État, mais se nourrit de ses faiblesses, lui qui laisse à l'abandon de vastes territoires et de larges populations. Voilà pourquoi l'endiguement de la violence politique est indissociable autant de la consolidation des États que de leur coopération, au Moyen-Orient et en Afrique mais aussi en Europe où le séparatisme gagne. Les antidotes à la haine et à la terreur sont tout aussi divers que ses formes.

La clé reste politique. Ce n'est qu'au sein de la communauté citoyenne des démocraties qu'il est possible de combattre le populisme, au sein des nations qu'il est possible de combattre la xénophobie, au sein de l'islam qu'il est possible de combattre le fanatisme.

VI

Le retour de la guerre

> « Personne n'est assez insensé pour préférer la guerre à la paix ; en temps de paix, les fils ensevelissent leurs pères ; en temps de guerre, les pères ensevelissent leurs fils. »
>
> Hérodote

Il existe un autre facteur majeur d'aggravation des risques : la mondialisation de la violence qui accompagne celle de l'économie. On constate en effet un mouvement dialectique entre la diffusion universelle du capitalisme et des technologies d'une part, l'exacerbation des conflits de valeurs, d'identités et de cultures d'autre part. L'interdépendance des économies et des sociétés alimente la propagation des crises et des conflits, effaçant la frontière entre les tensions internes aux nations et les différends entre États. Les rivalités s'exacerbent sur le plan économique pour l'accès aux ressources naturelles (énergie, matières premières, terres rares vitales pour l'industrie des nouvelles technologies, eau) comme sur le plan commercial, monétaire ou financier.

Mais la compétition pour les facteurs de croissance ou pour la conquête de marchés est très loin d'épuiser les rivalités de puissance ou les sources de conflits. La politique revient en force, avec son cortège d'ambitions et de volonté d'expansion territoriale. Les États-Unis et la Chine s'opposent ouvertement pour le leadership d'un système multipolaire que nul n'est plus de taille à contrôler. La Russie intervient de l'Ukraine à la Syrie pour reconstituer son empire intérieur, réaffirmer son statut d'acteur stratégique majeur et effectuer une démonstration des capacités de son armée modernisée. Le basculement du monde vers l'Asie va de pair avec le durcissement des conflits de mémoire et de frontières, notamment maritimes. Les ruptures technologiques ouvrent de nouveaux espaces de confrontation : fonds marins, stratosphère et cyberespace. Les frappes numériques se sont ainsi multipliées depuis les années 2000, visant aussi bien des États comme l'Estonie, la Géorgie ou l'Iran que les grandes entreprises à l'image de Sony. Les talibans reprennent le contrôle de l'Afghanistan au rythme du retrait militaire des États-Unis tandis que l'État islamique a profité du chaos du Moyen-Orient pour refonder le califat et engager un djihad planétaire.

La géopolitique se réveille sous l'effet des passions nationalistes et religieuses. Et avec elle ses deux acolytes traditionnels : les guerres et les empires.

Les habits neufs de la guerre

La disparition de l'Union soviétique, loin de déboucher sur la paix, a provoqué une nouvelle mutation de la guerre que Clausewitz qualifiait de caméléon. Elle s'universalise, effectuant notamment un retour en force sur le continent européen. De l'éclatement de l'ex-Yougoslavie à l'Ukraine, elle se démultiplie et se fragmente. Elle n'est plus régulée par la suprématie d'une ou plusieurs superpuissances. Elle n'est plus le monopole des États mais se privatise sous la pression des communautés, des sectes, des groupes terroristes et des organisations criminelles qui prennent le contrôle de vastes espaces. Elle s'émancipe des règles de droit et d'un système de sécurité collective très affaibli, comme le montre l'impuissance de l'ONU face à l'implosion du Proche-Orient ou aux opérations militaires à Gaza.

La guerre efface les frontières entre le militaire et le civil – toute guerre aujourd'hui prenant la population comme enjeu et comme cible. Elle associe des armées professionnelles mettant en œuvre des équipements très sophistiqués à des milices ou des tribus. Elle se déroule autant dans les villes qu'en rase campagne. Elle utilise le vaste spectre de la violence, des attentats terroristes isolés aux opérations militaires de haute intensité en passant par la paix chaude ou la guerre froide. Elle est de plus en plus facile à engager mais de plus en plus difficile à terminer, faute de décision militaire et de sortie politique, comme l'ont montré les conflits d'Irak et d'Afghanistan en dépit d'une décennie d'engagement des États-Unis pour un coût supérieur à 1 400 milliards de dollars, ou encore l'intervention en Libye qui a livré le pays au chaos. S'étirant dans le temps, elle s'installe comme un état endémique, marqué par d'incessantes innovations et variations dans l'intensité de la violence.

La guerre obéit ainsi à des principes et des logiques de plus en plus hétérogènes. Le XVIIe siècle fut celui des guerres de religion ; le XVIIIe celui des guerres limitées entre monarques ; la Révolution française et l'Empire inventèrent la guerre d'anéantissement, au confluent de la souveraineté des nations et de l'essor de l'industrie ; le XIXe parvint à limiter les conflits malgré la montée du potentiel de destruction propre à l'âge industriel qui fut inauguré lors de la guerre de Sécession aux États-Unis ; le XXe vit le triomphe de la guerre totale entre les démocraties et les idéologies ainsi que la libération des nations face aux empires.

Le XXIe siècle, quant à lui, expérimente la guerre permanente et éclatée. Ainsi coexistent : le chaos qui succède aux guerres d'Irak, d'Afghanistan et de Libye, les incidents de plus en plus graves et fréquents entre la Chine et le Japon ou le Vietnam, les séquelles de la guerre froide – de la Corée à Cuba en passant par les guérillas marxistes aux confins du Pérou et de la Colombie –, les conflits liés à l'effondrement du soviétisme au Caucase ou en Ukraine, l'affrontement interne à l'islam entre sunnites et chiites, les menaces créées par la poursuite du programme nucléaire militaire iranien – symbolique de la prolifération des armes de destruction massive –, la rémanence du conflit israélo-palestinien, les guerres ethniques et religieuses qui peuvent tourner au génocide comme au Rwanda ou en Centrafrique, et l'arc terroriste qui court du Nigeria à l'Afghanistan.

La guerre est donc revenue au premier plan de l'histoire, y compris dans les démocraties qui la considèrent comme une anomalie politique et une relique barbare du XXe siècle. À la notable exception d'Israël, seule nation libre pour laquelle la guerre est un horizon quotidien depuis sa création. Dans le monde bipolaire de la guerre froide, la rivalité entre les blocs dont l'Europe était l'enjeu central était gelée par l'équilibre de la terreur nucléaire, la guerre se trouvant repoussée à la périphérie. La disparition des superpuissances et de l'ordre nucléaire a libéré de vastes espaces pour la guerre. Elle n'est plus froide mais chaude. L'heure n'est plus à la dissuasion mais à l'emploi des armes.

Nouveaux conflits en chaîne

Le réchauffement stratégique progresse plus vite encore que le réchauffement climatique. La dernière décennie du XXe siècle connut les soubresauts de la décomposition des empires, au Caucase ou dans l'ex-Yougoslavie, ainsi que les interventions d'une Amérique communiant dans l'illusion de sa toute-puissance lors de la guerre du Golfe. Sous la démesure impériale pointaient la renaissance des guerres de religion en même temps que l'échec des interventions extérieures de l'Occident, de Bagdad à Mogadiscio.

Contrairement à la conviction de Disraeli selon laquelle « l'assassinat n'a jamais changé l'histoire du monde », les avions-missiles lancés par Al-Qaïda contre les tours jumelles du World Trade Center ont, comme Princip avec la mort de l'archiduc François-Ferdinand, fait basculer le monde. Ben Laden et ses émules n'ont pas réussi à provoquer une guerre mondiale entre l'islam et les démocraties occidentales. Ils ont cependant amorcé un cycle de guerres en chaîne qui se déploie de manière continue sur des terrains multiples, à l'intérieur des nations comme entre les nations, au sein du monde arabo-musulman comme dans les démocraties. Les guerres entre États, elles, diminuent. Une décennie de guerre en Irak a fait 4 500 morts parmi les soldats américains quand la France perdit 27 000 hommes dans la seule journée du 22 août 1914 et le Royaume-Uni 60 000 le premier jour de l'offensive de la Somme.

Pour autant, la guerre se propage et se diffuse en suivant la mondialisation. Elle n'est plus limitée à la périphérie mais se trouve ancrée au cœur des sociétés avec le djihadisme. Quatre conséquences : la multiplication des points chauds ; la radicalisation des acteurs ; l'ascension hyperbolique de la violence ; la spectaculaire relance des dépenses d'armement qui s'élèvent à 1 680 milliards de dollars en 2016.

Le front a été ouvert par l'embardée militariste et impérialiste des États-Unis en réaction aux attentats du 11 septembre 2001. L'intervention contre l'Afghanistan des talibans et la lutte contre le terrorisme islamique étaient impératives. Elles ont été perverties par la dénonciation d'un « axe du mal », constitué par l'Iran, l'Irak et la Corée du Nord, la confusion introduite entre Al-Qaïda et les États dits voyous, le télescopage entre le stratégique et le religieux. Le combat contre l'islamisme a été détourné au service des stratégies de changement de régime qui visèrent les régimes de Saddam Hussein, Bachar al-Assad ou Kadhafi. La dérive sécuritaire s'est emballée aux États-Unis, touchant les institutions avec le Patriot Act, la légalisation de la torture au sein de la CIA ou l'ouverture du camp de Guantanamo, l'industrie des technologies avec la surveillance numérique planétaire organisée par la NSA, le domaine militaire avec l'envol du budget de la défense au-delà de 600 milliards de dollars.

La bulle guerrière des États-Unis, inspirée par les néoconservateurs, s'est brutalement dégonflée avec l'enlisement militaire et la crise économique. L'opinion a basculé du vertige de la toute-puissance à la lassitude devant le recours à la force armée, tout en exigeant qu'une absolue priorité soit accordée à la lutte contre la déflation au lendemain du krach de 2008. Dans le vide créé par le retrait des États-Unis et par la chute des régimes de Saddam Hussein ou du colonel Kadhafi se sont engouffrés tant les ambitions de puissance de la Chine ou de la Russie que les groupes terroristes islamistes au Moyen-Orient, au Sahel ou au Nigeria. D'où le renouveau des guerres de religion[1], qui, contrairement aux conflits étatiques, ne laissent aucun espace pour un compromis mais accélèrent la montée de la violence aux extrêmes.

Le mouvement de surexpansion impériale puis de désengagement des États-Unis a ainsi liquidé l'ordre de l'après-guerre froide dont ils se posaient en garants. Les guerres en chaîne déclenchées après le 11 septembre 2001 ont débouché sur le chaos. Les États-Unis ne veulent ni ne peuvent plus être les gendarmes d'un système multipolaire et volatil qui leur échappe.

Le réveil de la géopolitique

La géopolitique a été doublement occultée par la disparition du soviétisme, qui a créé l'illusion d'une paix et d'une stabilité éternelles, puis par les turbulences économiques. Or le système géopolitique de la mondialisation est tout sauf ordonné. Il est instable. Il est écartelé entre des mouvements contradictoires – l'intégration de l'économie et des technologies –, les risques planétaires – terroristes, climatiques, sanitaires, industriels ou financiers –, les stratégies

1. Élie Barnavi, *Dix thèses sur la guerre*, Paris, Flammarion, 2014.

de déstabilisation conduites par les États hostiles au statu quo – Chine, Russie ou Iran –, les ambitions de puissance des nouveaux géants du Sud, la guerre civile planétaire lancée par l'islamisme. D'où un nouveau temps de troubles marqué par de multiples ruptures, par l'entrecroisement des crises et par l'hybridation des menaces.

Les démocraties ont commis une erreur cardinale : elles ont confondu la fin des idéologies et celle de la géopolitique, qui reste avant tout l'art de l'exercice de la puissance, y compris par le recours à la contrainte et à la force armée. Le passage de l'euphorie au krach financier a fait oublier la politique. La croissance intensive et le renforcement de l'interdépendance économique et financière n'ont jamais empêché les conflits majeurs, comme l'a prouvé la Grande Guerre. Le pari des solutions négociées n'est nullement acquis, comme le montrent l'affirmation des ambitions chinoises en Asie ou les interventions russes en Ukraine et en Syrie. Elles rappellent que la politique est première et qu'elle n'est pas rationnelle, notamment lorsqu'il s'agit de recourir à la force. À ceux qui en douteraient, il n'est que de rappeler l'Allemagne de Guillaume II qui détruisit l'Europe libérale, l'Union soviétique qui signa son acte de décès en envahissant l'Afghanistan, les États-Unis qui s'enlisèrent dans la guerre du Vietnam dans les années soixante puis dans les interventions en Afghanistan et en Irak dans les années 2000.

La nouvelle donne de la mondialisation est explosive. Parce qu'elle fait communiquer en temps réel des espaces et des temps très différents. Parce qu'elle crée une interconnexion des chocs économiques et stratégiques. Parce qu'elle autorise des modifications très rapides des menaces ou des alliances, ainsi que le montre l'irruption de l'État islamique. Parce qu'elle met en mouvement simultanément le système mondial, les États – par leur volonté de puissance ou leur effondrement – et les sociétés – travaillées par le populisme, par le nationalisme et par le fondamentalisme religieux. Parce qu'elle ne dispose d'aucun principe régulateur, d'aucune gouvernance permettant de trancher pacifiquement les conflits ou de limiter la violence. L'ère de la communication incite à l'inverse à la radicalisation, qui, servie par les réseaux sociaux, constitue une redoutable arme de propagande.

La géopolitique se réveille donc. Après l'économie mondialisée, le système diplomatique et stratégique de l'après-guerre froide est entré dans une phase de turbulences qui peuvent le faire imploser. Et ce pour le plus grand bonheur des États et des groupes terroristes qui souhaitent sa disparition. Et ce dans l'indifférence des dirigeants et des citoyens des démocraties, obnubilés par leurs difficultés intérieures. Le contraste est saisissant entre les leaders des pays émergents ou contestataires de l'ordre international, à l'image de Xi Jinping et Vladimir Poutine, ou des chefs terroristes qui ont conscience de vivre un moment exceptionnel et font tout pour pousser leur avantage – tels Abou Bakr-al Baghdadi ou Abubakar Shekau, le chef de Boko Haram –, et les dirigeants des démocraties qui restent prisonniers des idées, des organisations et des modes d'action hérités du passé.

Les empires contre-attaquent

Sous le couvert du capitalisme universel chemine le chaos. Et à ses côtés les empires qui partagent certains objectifs : revendication d'un destin propre; domination d'un centre sur une périphérie; volonté d'expansion et de remodelage de la planète. Avec des ambitions et des méthodes d'action qui mêlent le traditionnel contrôle par la force armée de territoires et de populations et le recours à des instruments neufs : la technologie ou la culture de la stabilité économique et politique pour les uns, la fascination pour la violence extrême érigée en mode de recrutement et de mobilisation pour les autres.

Au sortir de sa domination sur l'histoire du monde, l'Occident tente de revisiter l'empire sous des formes neuves.

La première, américaine, entend rivaliser avec la Chine en basculant des instruments traditionnels de la puissance vers les technologies, la finance et le droit : le retrait des Gi's va de pair avec le contrôle de l'économie numérique et la portée mondiale revendiquée par le droit des États-Unis, illustrée par les sanctions-rançons à hauteur de quelque 160 milliards de dollars contre les banques internationales afin de renflouer le Trésor ou la mise en défaut de l'Argentine à la suite de sa défaite judiciaire devant les juridictions américaines. La réinvention de la puissance économique des États-Unis s'appuie sur une nouvelle phase d'isolationnisme et le désengagement stratégique. Le principe du *leading from behind* masque une réticence de plus en plus manifeste à s'engager diplomatiquement et militairement.

Or contrairement à l'Europe, les États-Unis n'envisagent pas de quitter l'histoire du XXIe siècle. Cependant, le pari technologique de la cybersurveillance couplée aux frappes ciblées par drones ne constitue par une réponse à la hauteur des menaces. Il provoque des chocs en retour désastreux au sein des populations civiles comme des démocraties alliées mises en coupe réglée par l'espionnage électronique.

Au-delà de la refondation de son modèle économique, l'Amérique reste donc en quête d'une stratégie globale dans la mondialisation, alors même qu'elle reste décisive pour en stabiliser les risques.

La seconde stratégie, allemande, revendique la construction d'un empire du bien qui repose sur la culture de la stabilité. Un siècle après le déclenchement de la Première Guerre mondiale, l'Allemagne se trouve en position de leadership sur le continent européen. En 1914, la volonté hégémonique de Berlin, qui voulait rivaliser avec le Royaume-Uni dans le contrôle des mers et avec la France dans les conquêtes coloniales, joua le premier rôle dans la course à la guerre totale. En 2014, le leadership allemand s'inscrit au croisement de trois évolutions : la dynamique de la réunification puis le passage réussi à la monnaie unique; le miracle économique produit par la force de l'industrie et la culture de la stabilité; enfin le déclin de la France, la tentation du retrait de l'Union qui s'est emparée du Royaume-Uni et le basculement de la posture stratégique des États-Unis de l'Atlantique vers le Pacifique. L'Allemagne n'a plus de volonté hégémonique et a rompu avec la politique de puissance; mais elle assume son leadership comme elle en a fait la démonstration dans la gestion de la crise grecque ou de celle des réfugiés.

Sous la prudence de ses initiatives, l'Allemagne montre une étonnante capacité au changement. Le modèle économique a été profondément modifié depuis la crise de 2008 : d'un côté, les exportations ont été réorientées de la zone euro vers les pays émergents; de l'autre, la demande intérieure a été stimulée par la hausse des salaires de 2,6 % par an, par l'instauration d'un salaire minimum horaire fixé à 8,50 euros, par un programme d'investissement de 18 milliards d'euros. La société s'est ouverte et l'Allemagne vieillissante s'est transformée en terre d'immigration pour accueillir d'abord les jeunes diplômés d'Europe du Sud avec un solde positif de 430 000 personnes en 2013, puis plus d'un million de réfugiés venant du Moyen-Orient et d'Afrique en 2015. Berlin est enfin la seule capitale européenne qui cherche à se doter d'une stratégie internet pour assurer l'avenir de son industrie, préserver sa souveraineté et garantir les libertés publiques face à l'espionnage électronique planétaire des États-Unis.

L'Allemagne, forte de sa réunification et de sa réussite économique, entend exporter ses équilibres institutionnels, son État de droit et son modèle. Son poids et sa stabilité l'érigent en réassureur de l'euro. Sur le plan diplomatique, elle a pris son indépendance tant vis-à-vis de Washington que de Paris. Elle s'est tenue à distance de la stratégie néoconservatrice du changement de régime et des guerres en chaîne qui en ont découlé depuis 2001, refusant d'intervenir voire de soutenir les interventions en Irak, en Libye, au Mali ou en Centrafrique. Mais elle reprend à son compte la fonction de médiateur tenue traditionnellement par la diplomatie française : elle se trouve ainsi en première ligne face à Vladimir Poutine dans la crise ukrainienne comme dans celle des migrants, au risque de remettre en cause son leadership dans son pays comme en Europe.

Les critiques du modèle économique allemand sont largement infondées : la faiblesse de la démographie est corrigée par l'afflux de jeunes Européens hautement qualifiés et de réfugiés ; sept millions de travailleurs pauvres bénéficient de la hausse des salaires ; la restructuration des banques régionales se poursuit ; le retour à l'équilibre budgétaire va de pair avec la relance de l'investissement et la priorité à l'innovation. L'Allemagne semble donc suffisamment armée pour résister au ralentissement de la Chine et des pays émergents, à la hausse des salaires qui réduit sa compétitivité en termes de prix, au scandale Volkswagen et à l'accueil des migrants. Le seul talon d'Achille réside dans sa politique fondée sur la sortie précipitée du nucléaire et le surinvestissement dans les énergies renouvelables.

Les limites du leadership de Berlin sont politiques. L'Allemagne n'est plus immunisée contre le poison populiste. Présent à gauche avec Die Linke, il a surgi puissamment à droite avec la création, en 2013, de l'AFD hostile à l'euro, puis la montée, en 2014, du Pegida, mouvement qui a été relancé par la vague de migration, jusqu'à menacer la popularité de la Chancelière. L'Allemagne symbolise la polarisation de la zone euro et devient simultanément le bouc émissaire de prédilection des partis populistes européens, à l'image du Mouvement 5 Étoiles en Italie, de Syriza en Grèce, de Podemos en Espagne ou du Front national en France.

Le destin de l'Allemagne se confond plus que jamais avec celui de l'Europe. Elle est redevenue la puissance dominante du continent au XXIe siècle, tout en restant contrainte par les séquelles de l'histoire. Son défi premier reste de prévenir le renversement du mouvement d'intégration européenne, en évitant l'éclatement de la monnaie unique et de l'espace Schengen ou la sortie du Royaume-Uni de l'Union. Mais sans recourir aux instruments traditionnels de la puissance. La crise des réfugiés est exemplaire, qui a vu Mme Merkel prendre l'initiative de les accueillir en s'abstenant de toute prise de position sur les causes de la tragédie humanitaire, à savoir le chaos syrien et l'ascension de l'État islamique. L'Allemagne, qui s'est reconstruite comme empire du bien, n'échappera pas à un affrontement décisif avec les trois modèles qui contestent sa culture de la stabilité : le capitalisme anglo-saxon fondé sur le risque, les flux, la manipulation des actifs et de la monnaie; le néo-impérialisme russe qui entend redessiner par la force la carte de l'Europe; l'islamisme radical pour lequel l'Europe est une cible prioritaire, comme l'ont rappelé les tueries de Paris et Copenhague.

Au Sud, l'heure est au réveil des vieux empires qui, non contents de s'être émancipés de la tutelle des puissances coloniales européennes, partent à la conquête du monde, avides de richesses mais aussi de matières premières, d'espace et d'influence. Parallèlement, de nouvelles formes impériales cherchent à s'imposer sur les décombres des États faillis, à l'image du califat.

L'histoire du XXIe est dominée par l'émergence de la Chine, qui déplace le centre de gravité de la planète vers le Pacifique. Cette formidable mutation a été conduite depuis 1978 par les victimes de la révolution culturelle, à l'origine sous l'autorité de Deng Xiaoping, afin de surmonter les ravages du maoïsme et de répondre au défi lancé par le développement des dragons asiatiques. La Chine poursuit méthodiquement sa course au leadership économique du globe, cible qu'elle a partiellement atteinte en 2014 en devançant les États-Unis en termes de parité de pouvoir d'achat (base 2011). Son objectif : parvenir à 20 % de la production mondiale en 2025, contre 12 % aujourd'hui et 3 % en 1975. Ceci correspondrait à son poids dans la démographie de la planète mais aussi à celui du Royaume-Uni en

1870 ou des États-Unis en 1970, au faîte de leur puissance impériale. Si la Chine entend plus que jamais distancer l'Amérique à partir de la maîtrise de l'Asie-Pacifique comme le montre la hausse de 43 % de son budget de la défense depuis 2010, elle souhaite éviter tant une confrontation armée directe que le fardeau du leadership qui impliquerait une responsabilité globale au-delà de la défense intransigeante de ses intérêts.

La Chine de Xi Jinping profite du trou d'air stratégique des États-Unis pour effectuer une spectaculaire poussée en Asie du Sud-Est, menant de concert ses objectifs de leadership régional et mondial. Elle déploie une stratégie de contrôle de la mer de Chine qui se traduit par la multiplication des incidents, avec le Japon autour des îles Senkaku, avec le Vietnam et les Philippines autour des îles Spratleys et Paracels. Parallèlement, elle resserre son emprise sur Taïwan, dont l'activité économique et la société dépendent de plus en plus du continent, et continue d'instrumentaliser la Corée du Nord. Les projets d'intégration économique et monétaire du Pacifique autour des Nouvelles Routes de la Soie comme le renforcement de la puissance militaire visent à évincer les États-Unis tout en encerclant le Japon et l'Inde. La Chine se repositionne ainsi comme l'empire du Milieu, primus inter pares en situation d'arbitre entre le Nord et le Sud, les États-Unis, la Russie et les géants émergents.

Alors qu'en Chine le nationalisme est au service du développement économique, le renouveau impérial russe se substitue aux réformes. La Nouvelle Russie fournit des habits neufs à l'autocratie. Les illusions d'une transition vers la démocratie ont été emportées par un État qui ne garantit ni le pluralisme, ni la transparence des élections, ni l'indépendance de la justice, ni la propriété, mais qui assure l'impunité aux dérives des forces de sécurité.

La rupture avec le communisme est consommée mais l'esprit du soviétisme perdure. La terreur n'est plus collective avec le goulag mais individuelle avec le choix laissé aux opposants entre l'emprisonnement (Alexeï Navalny), l'exil (Garry Kasparov, Mikhaïl Khodorkovski) ou la mort (Anna Politkovskaïa, Alexandre Litvinenko, Stanislav Markelov, Anastasia Babourova, Sergueï Magnitski, Boris Berezovski, Boris Nemtsov). L'économie russe, loin de se diriger vers une sortie de crise, est en cours de désintégration, asphyxiée par l'effondrement du cours des hydrocarbures et par les sanctions internationales. Enfin, la dynamique de la guerre gagne et pervertit tous les secteurs de l'économie et d'une société endoctrinée et hystérisée par un gigantesque effort de propagande.

En apparence, Vladimir Poutine triomphe en éliminant toute forme d'opposition intérieure et en poursuivant son rêve impérial grâce à la faiblesse et à la division des Occidentaux. En réalité, il est de plus en plus isolé par quinze années de pouvoir absolu. Il est l'otage de structures de force dont il a perdu le contrôle, comme l'a montré l'exécution de Boris Nemtsov sous les murs du Kremlin. Sur la scène internationale, l'intervention en Ukraine et la destruction du vol de la Malaysia Airlines l'ont mis au ban des nations. D'où le déploiement en Syrie qui permet, sur le plan stratégique, de tester la modernisation de l'armée russe et, sur le plan diplomatique, de replacer Moscou au cœur des négociations sur le Moyen-Orient.

Vladimir Poutine aurait dû s'affirmer comme l'héritier réformateur de Stolypine ; il n'est que l'enfant des nihilistes qui assassinèrent en 1881 Alexandre II et les espoirs de réforme de l'autocratie. L'Ukraine et la Syrie finiront par causer sa perte et celle de la Nouvelle Russie, comme l'Afghanistan provoqua la chute de l'Union soviétique. La Russie risque de payer d'un nouvel échec de sa modernisation sa démesure impériale.

Au Moyen-Orient, un affrontement sans précédent se dessine entre la restauration de l'empire perse, sous la forme d'une théocratie chiite, et l'émergence d'une puissance terroriste globale avec l'État islamique qui essaime au Liban, en Égypte et au Maghreb, en Afghanistan et jusqu'en Afrique avec Boko Haram.

Depuis la fin de la terrible guerre contre l'Irak jusqu'à l'éviction de Mahmoud Ahmadinejad, toutes les tentatives de libéralisation du régime des ayatollahs ont fait long feu. Son rigorisme, associé aux sanctions internationales adoptées pour répondre au développement du programme nucléaire destiné à sanctuariser le pouvoir des ayatollahs, a cependant mis l'Iran en faillite, bien qu'il détienne la quatrième réserve mondiale de pétrole et la première réserve de gaz, devant la Russie. Le régime et le clergé chiite se sont discrédités et ne survivent que par la terreur qu'impose un gigantesque appareil de répression organisé autour des Pasdarans. Le divorce entre le régime et la population a explosé avec le Mouvement vert de 2009 qui contestait la réélection truquée de Mahmoud Ahmadinejad. La révolte, écrasée dans le sang, a survécu dans les cœurs et dans les têtes. D'où la volonté de sanctuariser le régime grâce à la possession de l'arme nucléaire et à la constitution d'une vaste zone de protection. D'où la conclusion de l'accord de

Vienne, le 14 juillet 2015, afin d'engager la levée des sanctions internationales, clé d'une relance de l'économie.

Dans le même temps, servi par les erreurs des États-Unis en Irak, l'Iran a mis à profit la chute de Saddam Hussein, la guerre de Syrie et la déstabilisation des monarchies du Golfe pour faire émerger un Chiistan qui unit le régime de Bagdad, la Syrie de Bachar al-Assad, le Hamas et le Hezbollah. Une guerre ouverte contre l'islam sunnite se déploie sur plusieurs fronts : l'Arabie Saoudite, contre laquelle les Iraniens multiplient les attentats et les cyberattaques, mais aussi et surtout l'État islamique depuis 2014. Le moindre des paradoxes n'est pas que l'Iran ait utilisé le chaos irakien et la poussée de l'État islamique comme un levier pour négocier l'accord de Vienne sur son programme nucléaire et normaliser sa situation internationale. Téhéran s'affirme désormais, à travers la mobilisation des milices chiites et l'intervention au sol des brigades Al-Qods, comme le principal appui de Washington pour combattre l'État islamique en Irak et en Syrie. La poursuite de ses activités nucléaires et de la construction d'une vaste zone d'influence qui s'étend de l'Afghanistan à Gaza en est le prix.

Trois constats s'imposent. La guerre resurgit et se déploie sous des formes très variées : terrorisme qui peut emprunter la forme de la menace asymétrique sur la population ou du combat de haute intensité ; effondrement des États ; guerres civiles qui s'internationalisent ; renouveau impérial et expansion territoriale de la Chine ou de la Russie ; surveillance électronique et cyberattaques. Les principaux conflits s'inscrivent dans une durée longue et n'offrent pas, pour l'heure, d'issue politique ou de perspectives de paix proches. Enfin, les moyens de prévenir, de contenir ou de terminer les guerres n'ont jamais été aussi faibles depuis le début du XXe siècle. D'abord, parce qu'il n'existe plus de supergrands : les États-Unis demeurent le seul acteur global mais leur puissance est de plus en plus contestée. Ensuite, du fait de la priorité donnée par les grands pays émergents à leur développement et à la défense stricte de leurs intérêts nationaux. Enfin du fait de l'impuissance des Nations unies dans les conflits majeurs.

Dans cet univers incertain qui multiplie les surprises, les tenants de la stabilité internationale sont en position de faiblesse face aux États, aux mouvements islamistes, aux forces qui souhaitent remettre en cause l'ordre international. Face à la déstabilisation du système mondial, l'unité et la mobilisation des démocraties sont indispensables. Mais force est de constater qu'elles sont mal armées, divisées, partagées entre la lassitude devant les interventions extérieures comme aux États-Unis, l'illusion de l'adieu aux armes de l'Europe, le réveil du nationalisme au Japon. En réalité, l'Occident a perdu, en même temps que la maîtrise du capitalisme, le monopole de la stratégie mondiale. Le pacifisme des démocraties encadre strictement le recours à la force armée et les risques qui peuvent être pris par leurs soldats. Le surendettement des États pousse au désarmement et à la diminution des budgets et des effectifs militaires. Une fatigue de la guerre s'est emparée des citoyens à la suite des désastreuses interventions au Moyen-Orient.

Le repli de l'Occident se dessine au moment où les nouvelles puissances du Sud affichent ouvertement leurs ambitions – l'Asie concentrant désormais le tiers des dépenses militaires mondiales – et n'hésitent pas à les appuyer sur le recours à la force armée. Au moment où les ambitions impériales et les guerres de religion reviennent au premier plan. Au moment où la logique de l'ascension aux extrêmes de la violence s'étend à de nouveaux acteurs. Clausewitz soulignait que « les nations les plus civilisées peuvent être emportées par une haine féroce [...]. La guerre est un acte de violence et il n'y a pas de limite à la manifestation de cette violence. Chacun des adversaires fait la loi de l'autre, d'où il résulte une action réciproque qui, en tant que concept, doit aller aux extrêmes ». Ce qui est vrai pour les empires et les nations s'applique à certaines communautés, aux organisations terroristes et aux réseaux criminels, voire aux individus fanatisés. La violence extrême constitue pour eux le moteur d'un monde qu'ils entendent faire basculer.

Au moment où la grande Histoire, celle qui s'écrit en lettres de feu et de sang, revient au premier plan, les nations libres doivent maintenir leur unité afin de ne pas rééditer l'erreur de leur division face aux totalitarismes durant les années trente. Devant la menace des empires et du djihad, le risque d'une nouvelle confrontation mondiale ne peut être exclu. Le désarmement est donc moins que jamais un choix. À l'ère de l'histoire universelle, la guerre reste le juge de paix ultime. Mais elle ne peut devenir un mode de fonctionnement normal pour les démocraties. Seuls les empires peuvent faire de la politique une guerre poursuivie par d'autres moyens. La guerre doit servir et viser la paix. Voilà pourquoi la violence ne peut être contenue que par la vigilance et la mobilisation citoyennes des démocraties. Comme le rappelait René Girard : « Il faut réveiller les consciences endormies. Vouloir rassurer, c'est toujours contribuer au pire[1]. »

---

1. René Girard, *Achever Clausewitz*, Paris, Carnets Nord, 2007, p. 364.

VII

La mondialisation de la terreur

> « L'homme qui n'est pas intérieurement préparé à la violence est toujours plus faible que celui qui lui fait violence. »
>
> Alexandre Soljenitsyne, *L'Archipel du goulag*

Les démocraties sont des régimes fondamentalement conservateurs et pacifiques, qui ne se veulent pas d'ennemis et tardent à prendre la mesure des menaces auxquelles elles se trouvent confrontées. Elles montrent un retard assez systématique face à leurs adversaires avant de trouver dans la mobilisation de leurs citoyens des ressources insoupçonnées. La France ne dut qu'au miracle de la bataille de la Marne de ne pas connaître dès 1914 la débâcle de 1940. Durant l'entre-deux-guerres, les démocraties firent le jeu des totalitarismes en refusant de comprendre le péril mortel qu'ils représentaient et en ne cessant de se diviser. Les États-Unis attendirent décembre 1941 et le désastre de Pearl Harbor pour s'engager dans le second conflit mondial. La résistance au soviétisme connut de nombreux revers au cours de la guerre froide avant que l'URSS ne se désintègre de l'intérieur, victime de son incapacité à se développer et de sa surexpansion impériale.

Les nations libres font aujourd'hui preuve de la même légèreté et de la même désunion face à l'État islamique que face au stalinisme et à l'hitlérisme dans les années trente. En 1938, les accords de Munich conduisaient, comme le souligna Churchill, à cumuler le déshonneur et la guerre. En 2015, confrontées à un djihad planétaire, les démocraties restent incapables non seulement de s'unir pour combattre efficacement mais même de désigner par son nom – l'État islamique – l'ennemi qui veut leur mort et mobilise contre elles leurs propres citoyens.

Tout comme les régimes totalitaires après la Première Guerre mondiale, l'État islamique constitue une forme politique neuve. La Grande Guerre engendra les totalitarismes. L'Union soviétique de Staline, l'Italie de Mussolini et l'Allemagne hitlérienne semblaient aux antipodes les uns des autres pour la plupart des dirigeants de l'entre-deux-guerres. Ce n'est qu'à la fin des années trente, notamment autour d'Élie Halévy[1], que naquirent les premières réflexions sur leur nature commune – réunissant religion d'État, culte de la personnalité, suppression des libertés, contrôle de l'économie et de la société, développement d'un gigantesque appareil répressif – et que s'imposa le constat qu'elles se fixaient pour ennemi commun les démocraties avant que de s'opposer entre elles. Aujourd'hui, la nature de l'État islamique reste incomprise et la menace qu'il représente pour la liberté sous-estimée, même après les attentats de Paris en novembre 2015.

1. Élie Halévy, *L'Ère des tyrannies*, Paris, Gallimard, 1938.

De quoi cet État est-il le nom ?

Le constat est clair, même s'il est glaçant. L'État islamique n'est plus un projet mais une réalité. L'intervention américaine de 2003 a ouvert une guerre de trente ans dont la première décennie, marquée par les conflits d'Afghanistan, d'Irak, de Libye et de Syrie, a tourné à l'avantage de l'islamisme radical. À travers de multiples métamorphoses, il a fait émerger un régime sans précédent, qui n'est ni un avatar de la théocratie iranienne, ni une organisation terroriste plus puissante et mieux organisée que les autres. Un régime qui résulte de la symbiose de l'idéologie salafiste érigeant le djihad en guerre de religion planétaire, de la lutte interne à l'islam entre sunnites et chiites, de l'architecture de l'État baassiste et de l'utilisation intensive des réseaux sociaux au service d'une terreur hyperbolique.

Il s'agit du produit d'un long processus historique qui a débuté à la fin des années soixante-dix avec la révolution iranienne et l'instrumentalisation des militants pour lutter contre l'Union soviétique après l'invasion de l'Afghanistan. D'un côté, les groupes terroristes se sont progressivement émancipés de la tutelle des États, à l'image d'Al-Qaïda vis-à-vis des monarchies du Golfe. Pendant que, de l'autre, les États arabo-musulmans ont été fragilisés par la première guerre du Golfe puis l'intervention américaine en Irak en 2003, avant d'être emportés par la tourmente du Printemps arabe.

L'État islamique s'est engouffré dans le vide stratégique créé par le chaos irakien, aggravé par le sectarisme du gouvernement chiite de Nouri al-Maliki – qui n'était pas sans ressembler à celui du Sud-Vietnam en 1975 –, par l'éclatement de la Syrie à la suite de la guerre civile qui a déjà fait 250 000 morts et des millions de réfugiés, et par le déclin d'Al-Qaïda à la suite de la liquidation de ses dirigeants. Rien n'aurait cependant été possible sans l'inconséquence et les revirements de la politique américaine. De même que la renaissance des talibans fut le fruit de l'intervention en Irak en 2003 qui a dégarni le front afghan, l'irruption de l'État islamique est indissociable de la surexpansion militaire des années George Bush, suivie du désengagement unilatéral décidé par Barack Obama. L'absence de cohérence et le déficit de stratégie des États-Unis ont ainsi culminé avec la volte-face d'août 2013 sur les frappes aériennes qui devaient répliquer à l'utilisation avérée d'armes chimiques par Bachar al-Assad contre ses opposants. Aujourd'hui, la tétanie américaine face à l'intervention directe de la Russie pour assurer la survie du régime de Damas n'est qu'un prolongement de cette incohérence.

Le califat proclamé le 29 juin 2014 dans la mosquée de Mossoul n'a rien de virtuel. Il est un État à part entière et un acteur stratégique majeur, qui dispose de l'armée la plus efficace du Moyen-Orient après celle d'Israël. Depuis la chute de Ramadi et Palmyre, l'État islamique contrôle la moitié de l'Irak et de la Syrie. Il domine sans partage un vaste quadrilatère qui s'étend entre Damas, Bagdad, Mossoul et Alep, peuplé de près de dix millions d'habitants. À l'intérieur de ces nouvelles frontières qui font éclater la carte du Moyen-Orient issue des accords Sykes-Picot de 1916, il exerce toutes les fonctions d'un État souverain : défense, police, justice, émission de la monnaie, régulation économique, gestion d'infrastructures (dont les raffineries pétrolières), éducation et santé, services sociaux.

Cet État auquel la barbarie tient lieu de devise dispose de ressources financières stables qui dépassent les 2 milliards de dollars et sont assurées par les exportations de pétrole, le racket et le kidnapping, le trafic d'êtres humains et d'objets archéologiques. Loin de se limiter à des frappes ponctuelles, il déploie une stratégie militaire élaborée qui s'appuie sur 50 000 combattants dont près de 30 000 étrangers dotés d'armements lourds et sophistiqués, y compris chimiques. Il témoigne d'une culture stratégique qui lui permet d'agir avec succès sur quatre à cinq fronts différents en opérant d'importants transferts de forces entre eux, comme il a été montré après le retrait de Kobané. Il fait preuve d'une étonnante résilience face aux frappes aériennes de la coalition et à l'élimination de nombre de ses hauts dirigeants, ainsi que d'une parfaite maîtrise de sa communication. Il se déploie suivant une double dimension, intérieure et extérieure, fonctionnant tel un Alien qui pénétrerait au cœur des codes de fonctionnement des sociétés musulmanes comme des nations libres pour les fausser par l'introduction d'une spirale de peur et de violence susceptible de les entraîner dans une logique de guerre civile et extérieure.

Le néocalifat ne constitue ni une anomalie ni une parenthèse de l'histoire qui se refermera rapidement. Comme la création de l'Union soviétique en 1917, il marque une rupture historique. Un nouvel avatar politique est né, placé sous le signe du fanatisme et de la terreur, qui va durablement peser sur le cours du XXIe siècle. L'ambition consiste bien à accoucher par la violence d'un homme islamique nouveau qui a vocation à conquérir le monde en éradiquant les autres religions et les autres formes d'organisation politique, à commencer par les démocraties. Dès lors que le Coran, réputé dicté par Allah lui-même, exclut débat et interprétation, son autorité a vocation à supplanter celle de tout autre pouvoir. Saint Augustin distinguait la Cité de Dieu et la Cité des hommes, ce qui a permis d'assurer une autonomie relative du politique et du religieux au sein du catholicisme. L'islam, dans sa version salafiste, exclut de s'adapter au monde ; c'est au monde de se couler dans son moule, de gré ou de force.

Les cercles de la terreur

La stratégie engagée par l'État islamique a d'ailleurs été exposée publiquement par ses dirigeants fanatiques, notamment par Abou Bakr al-Baghdadi. Elle repose sur trois phases et trois cercles de la terreur. Les phases s'enchaînent ainsi : l'exercice de la terreur et la division pour mener les masses à la lutte armée et provoquer l'implosion des États ; l'administration de la terreur avec la mise en place d'une organisation administrative destinée à mettre fin au chaos tout en contrôlant strictement la population ; l'élargissement de la terreur avec la conquête de nouveaux territoires. Cette dynamique se déploie autour de cercles concentriques : le cœur du califat en Irak et Syrie ; l'expansion au Moyen-Orient et en Afrique par l'encouragement à la guerre civile, véritable arme de destruction massive contre les États fragiles ; la déstabilisation des démocraties occidentales, notamment européennes, par les frappes terroristes et par le recrutement de combattants via Internet.

Le retour aux États et aux frontières du Moyen-Orient issus des accords Sykes-Picot relève de l'illusion. La stratégie de la coalition fondée sur les seules frappes aériennes est vouée à l'échec, comme ne s'est pas fait faute de le relever Vladimir Poutine lors de l'Assemblée générale de l'ONU. Les frappes sont limitées en nombre (quinze raids par jour contre deux cent cinquante en 1999 au Kosovo et huit cents en 2003 lors de la guerre d'Irak) comme en efficacité, du fait de l'insuffisance du renseignement et de la crainte des dommages collatéraux. L'absence de troupes au sol, en raison du refus de Barack Obama de revenir sur la décision de retrait de 2011, exclut de tenir le territoire. Les résultats obtenus s'avèrent donc très modestes. Ils se réduisent à la mort de plusieurs dirigeants de l'État islamique et à la reconquête du Kurdistan grâce à l'action des peshmergas, première étape de la création d'un État kurde qui paraît désormais inéluctable et qui ne manquera pas de devenir un foyer de conflits avec la Turquie. Après le repli tactique hors de Kobané, l'État islamique a organisé avec succès son recentrage sur les zones sunnites.

Au total, l'implantation du califat s'affirme comme très solide. L'exercice et la mise en scène d'une terreur radicale, fondée sur les exécutions de masse de prisonniers de guerre, l'extermination des minorités chiite, chrétienne ou yazédie, ont réalisé une purification religieuse, en exterminant ou contraignant à l'exil tous les non-sunnites. En l'absence de troupes au sol, l'emprise sur le vaste espace s'étendant de Bagdad à Damas reste totale. D'autant que l'État islamique bénéficie du soutien de fait de la Turquie de Recep Erdogan, qui, en dépit des terribles attentats de Suruç et d'Ankara, continue à tolérer le passage des djihadistes étrangers comme la contrebande de pétrole et d'armes.

Pire, les risques de rupture ne se situent pas du côté de l'État islamique mais des régimes dirigés par Haïder al-Abadi à Bagdad et Bachar al-Assad à Damas. L'armée irakienne montre une inefficacité chronique, une forte démotivation et une corruption endémique. Par ailleurs, le régime reste incapable de fédérer les tribus sunnites qui ont été systématiquement spoliées et réprimées par Nouri al-Maliki, ce qui explique leur ralliement massif à l'État islamique. La situation n'est pas meilleure dans ce qui reste de la Syrie où les troupes fidèles au régime s'épuisent, avec l'aide de la Russie, à tenir un petit tiers du territoire. Dans les deux cas, ce sont les milices chiites venues d'Iran, désormais appuyées par l'aviation et la marine russes, qui constituent la colonne vertébrale de la résistance militaire à l'État islamique, achevant d'antagoniser les populations sunnites et de sceller leur alliance avec les djihadistes.

Parallèlement, l'État islamique soumet à une pression croissante les monarchies du Golfe et multiplie les points d'appui, du Liban au Nigeria, où Boko Haram l'a rallié, en passant par le Sinaï et la bande de Gaza, la Libye et le Sahel, et désormais l'Afghanistan. À partir du califat, la violence est exportée par la multiplication des attentats en Arabie Saoudite, en Turquie ou en Égypte. La poussée en Afrique est particulièrement spectaculaire. En Libye, les djihadistes ont conquis une large bande de la côte méditerranéenne entre Misrata et Derna ; elle leur sert de base pour des opérations terroristes mais aussi pour prélever leur dîme sur le flux des migrants qui cherchent à gagner l'Europe. Ils opèrent désormais dans tout le Maghreb, de l'Algérie à l'Égypte, et cherchent, via AQMI, à effectuer leur jonction avec Boko Haram, qui leur a prêté allégeance après avoir revendiqué l'instauration d'un califat islamique en Afrique de l'Ouest.

Créé au Nigeria par Mohamed Yusuf en 2002, Boko Haram – littéralement « l'éducation occidentale est un péché » – est un mouvement salafiste, dont l'objectif initial se résume à l'application de la charia. Depuis la mort de son fondateur en 2009, son successeur, Abubakar Shekau, a donné une nouvelle dimension à son organisation. Boko Haram aligne 10 000 combattants dont les exactions n'ont rien à envier à celles perpétrées par l'État islamique : enlèvements, ventes et mariages forcés des jeunes filles, décapitations, attentats kamikazes, massacres de masse... Ses actions sont responsables de 13 000 morts et ont contraint à la fuite plus d'un million et demi de réfugiés. Il a pris le contrôle de la plus grande partie de l'État de Borno et cherche à s'assurer la maîtrise des riches régions du lac Tchad. Dans le même temps, l'extension des opérations au Cameroun, au Niger et au Tchad vise à établir un lien permanent avec AQMI et à sécuriser les voies d'approvisionnement en armes provenant de Libye.

Tout comme l'État islamique, Boko Haram s'est développé dans la tragique indifférence des autorités nigérianes et de la communauté internationale. Durant des années, le groupe a été considéré comme une simple secte. Ses raids, enlèvements et tueries étaient passés sous silence. Ses activités étaient réputées criminelles et cantonnées à une partie excentrée du nord-est du pays, en dépit de plusieurs attentats à Abuja et Lagos. Le déni de la classe politique nigériane, notamment du président Goodluck Jonathan, face à la gravité de la situation, a laissé prospérer une organisation qui constitue une menace majeure pour le Nigeria comme pour l'Afrique de l'Ouest.

L'armée nigériane s'est ainsi régulièrement débandée face à ces combattants. Elle souffre d'un déficit de combativité, d'équipement, de renseignement et d'expertise en matière de contre-terrorisme. Et ce, en dépit d'un effectif de 130 000 hommes et d'un budget de 5,8 milliards de dollars qui fait régulièrement l'objet de détournements massifs, ce qui explique les pénuries chroniques de munitions et la défaillance des matériels. La faiblesse opérationnelle et l'absence de fiabilité de l'armée sont aggravées par un nationalisme sourcilleux qui mine les efforts de coopération internationale. Au plan régional, le Cameroun, le Niger et le Tchad ont perdu confiance dans la volonté et la capacité des Nigérians de combattre Boko Haram. Par ailleurs, l'armée nigériane, au nom d'une conception étriquée de son indépendance, a demandé et obtenu contre toute raison le retrait des moyens vitaux de renseignement et des drones déployés par les États-Unis.

La passivité et la complaisance affichées par Goodluck Jonathan face à Boko Haram ont joué un rôle décisif dans la victoire de Muhammadu Buhari lors de l'élection présidentielle du 28 mars 2015. Son mandat va se jouer tout entier sur sa capacité à éradiquer Boko Haram et à rétablir la sécurité et la paix civile, condition première pour la poursuite du développement de la première économie du continent africain.

Enfin, la mondialisation du djihad se poursuit. Son instrument est la terreur de masse, servie par les attentats et par la cyberpropagande. L'État islamique déploie une stratégie très fine et complexe pour entrer et pervertir les codes de fonctionnement des sociétés libres. Elle comporte une double dimension. D'un côté, les attentats ont pour objectif d'introduire une logique de guerre civile au cœur des démocraties en créant une spirale de haine et de peur entre les minorités musulmanes et le reste de la population. De l'autre, l'Europe est devenue un vivier de recrutement, puisque plus de six mille de ses citoyens combattent aujourd'hui dans les rangs de l'État islamique, notamment en Syrie. Ceux qui reviennent ont pour mission de réimporter la terreur dans leur nation d'origine à leur retour. L'État islamique montre une efficacité et une réactivité redoutables dans ses frappes terroristes. La décision de Vladimir Poutine d'intervenir militairement en Syrie et son plaidoyer devant l'Assemblée générale de l'ONU en faveur d'une coalition internationale contre les terroristes ont entraîné en représailles l'explosion en vol de l'Airbus A321 de Metrojet au-dessus du Sinaï. De même, l'extension des frappes françaises en Syrie fut suivie des attaques meurtrières contre Paris le 13 novembre, qui ciblèrent délibérément la jeunesse, les stades et les salles de spectacle, les cafés et les restaurants qui font la réputation de la capitale de la France. En ensanglantant Paris le jour même où le gouvernement annonçait un plan de lutte contre le trafic d'armes et le rétablissement des contrôles aux frontières, dans la perspective de la COP 21, l'État islamique poursuivait trois objectifs : terroriser les Français et alimenter un climat de guerre civile; casser la fragile reprise de l'économie française; enfin compromettre la capacité du pays à organiser de grands événements sportifs, culturels ou diplomatiques, à l'image de la Conférence sur le climat, de l'Euro 2016 ou des jeux Olympiques de 2024.

La diagonale du chaos

Cette transformation d'une organisation terroriste en État met à disposition des moyens de puissance et des moyens d'action sans précédent pour bouleverser l'ordre existant : armée moderne, banque centrale, institutions financières, installations pétrolières. Elle bouleverse le système issu de la guerre froide en impulsant une guerre de religion planétaire. Elle constitue une menace stratégique globale qui touche tous les continents. Cette menace est à la fois interne et externe, visant tant les États que les entreprises et les individus. Tous ne sont pas atteints mais nul n'est à l'abri.

La première onde de choc touche le Moyen-Orient et le monde arabo-musulman. Le califat est indissociable de la guerre sainte et incompatible avec la liberté comme avec le développement économique. Au choc entre l'islam et les autres religions s'ajoute un choc frontal au sein de l'islam. En portant aux extrêmes le conflit entre sunnites et chiites comme la guerre à mort entre l'islam et le reste du monde, l'État islamique ne remet pas seulement en cause la carte du Moyen-Orient, mais tout le système des alliances régionales.

La destruction des États irakien et syrien dans leurs frontières de 1916 est irréversible. La chute éventuelle de Damas comporterait une dimension non seulement historique mais spirituelle, car elle est annoncée comme une étape décisive dans l'islamisation du monde. La probabilité d'une propagation aux États les plus fragiles de la région, Liban et

Jordanie, puis aux monarchies du Golfe est donc élevée. Le wahhabisme ainsi que les financements saoudiens et qataris sont en effet à l'origine d'Al-Qaïda et de l'État islamique, comme l'ont découvert à leurs dépens les États-Unis le 11 septembre 2001. Dès lors, on assiste à une recomposition inédite des alliances. L'Arabie Saoudite, sous l'impulsion de son nouveau roi, Salmane, s'est mise en mouvement pour répondre au double défi lancé par la création d'un vaste Chiistan par l'Iran et par les attentats de l'État islamique. Elle cherche à reprendre le contrôle du marché du pétrole face aux États-Unis d'une part, à créer un axe avec l'Égypte, Israël et la Jordanie d'autre part. Parallèlement, le rapprochement des États-Unis avec l'Iran s'accélère depuis la conclusion, le 14 juillet 2015, de l'accord de Vienne sur le programme nucléaire qui ouvre la voie à la levée des sanctions.

L'impact sur le Maghreb et sur l'Afrique occidentale est également dévastateur compte tenu du chaos qui prévaut en Libye comme au Mali et de la fragilité de la transition démocratique engagée en Tunisie. Celle-ci est devenue une cible précisément parce qu'elle représente potentiellement la seule des révolutions arabo-musulmanes qui pourrait échapper à la radicalisation religieuse ou à la dictature militaire pour évoluer vers des institutions libres. À terme, c'est bien toute la périphérie orientale et méridionale de l'Europe qui pourrait basculer dans l'anarchie et la violence.

Force est de constater que l'Europe reste très loin d'avoir pris la mesure du péril extérieur et intérieur que représente l'État islamique, à l'image du Royaume-Uni qui a pratiqué le *benign neglect* jusqu'aux tragiques attentats de Tunisie ou de la Belgique. Notre continent s'affirme pourtant comme une cible prioritaire de cette croisade en raison du très large écho rencontré par l'idéologie du califat au sein de la jeunesse musulmane d'Europe.

Penser le danger pour le combattre

Au moment où Barack Obama affirme que « l'État islamique est sur la défensive et va perdre », force est de constater que rien ne justifie son optimisme qui relève du déni et non pas d'une analyse objective. Pour l'heure, les démocraties ne disposent d'aucune stratégie cohérente, comme l'a souligné l'intervention russe en Syrie. Les mesures d'urgence décidées pour donner un coup d'arrêt à son expansion militaire, pour apporter une aide humanitaire aux communautés chrétiennes ou yézidies, ou pour stabiliser in extremis l'Irak, sont très loin d'être efficaces. L'aide humanitaire est consensuelle mais n'endigue nullement la progression de l'État islamique, voire la sert en assurant la publicité des crimes qui lui tiennent lieu de bannière. Sur le plan militaire, il est impossible d'éradiquer le djihadisme sans opérations terrestres de grande envergure et sans l'attaquer dans son sanctuaire syrien. Or les démocraties excluent tout engagement terrestre autre que celui des forces spéciales.

L'État islamique continue à bénéficier d'une configuration exceptionnellement favorable qui entretient le chaos dont il est le fruit. Les États-Unis n'ont ralenti qu'à contrecœur leur désengagement mais restent figés dans leur refus de tout déploiement au sol. La Russie cible en priorité les forces de l'opposition modérée, ce qui fait le jeu des djihadistes. La même divergence prévaut avec les deux acteurs régionaux clés. L'Iran se révèle un allié déterminé mais poursuit d'abord la consolidation d'un empire chiite. La Turquie, derrière sa participation officielle à la coalition, soutient les djihadistes en accordant la priorité à sa guerre contre les Kurdes, en facilitant le transit des combattants et en organisant la contrebande du pétrole et des antiquités. Enfin et surtout, le califat gagne les cœurs de nombre de jeunes musulmans en Europe et multiplie les recrutements de combattants qui peuvent aussi bien passer à l'action sur place que gagner le Moyen-Orient.

La dimension existentielle et planétaire de la menace doit conduire les démocraties à donner une priorité absolue à son éradication. Pour cela, il leur faut se réengager au service de la stabilité et de la sécurité du monde. Y compris en assumant le risque du recours à la force armée. Mais d'abord en s'attachant à cerner la nouveauté de cette menace qui fait converger un groupe terroriste, conduit par une élite de dirigeants et de stratèges à la manière d'un État, cause salafiste et cyberorganisation à la pointe des technologies.

Trois options sont aujourd'hui ouvertes. La première est le statu quo qui aboutit mécaniquement à la défaite, avec l'effondrement programmé du régime de Bagdad et le rétrécissement de celui de Damas à peau de chagrin. La deuxième privilégie le repli de l'Occident et le cantonnement de la violence au Moyen-Orient pour laisser se déployer la guerre à mort entre sunnites et chiites : ce lâche renoncement, véritable Munich du XXIe siècle, mènera au désastre face à une menace mondiale qui a déjà gagné le cœur des nations libres. La troisième repose sur le postulat que les démocraties n'ont d'autre choix que de livrer et de gagner la guerre qu'elles ne souhaitent pas mais qui leur est imposée.

Mais pour la gagner, il faut admettre son caractère total et imaginer une stratégie globale. Non pas en accompagnant et en encourageant la spirale de la violence et de la terreur, mais en circonscrivant progressivement les trois cercles de déploiement de la terreur islamique.

Notre stratégie doit être repensée. Un réalignement des intérêts des grandes puissances est urgent, en considérant particulièrement le cas russe, ce qui implique de donner la priorité au sauvetage de l'État syrien sur le départ de Bachar al-Assad. Nous devons amener la Turquie à cesser son double jeu. Les infrastructures de l'État islamique, notamment celles de son sanctuaire syrien, doivent devenir une cible assumée. Il faut couper les voies de transit utilisées par les combattants, la contrebande, le pétrole ou les objets d'art. Nous devons garantir la sécurité et le développement des minorités ainsi que des tribus sunnites. Enfin, une organisation méthodique de la cyberlutte contre la propagande djihadiste est indispensable.

Les relais extérieurs de l'État islamique doivent aussi être annihilés. L'Europe ne peut laisser perdurer le chaos libyen ni accepter que la Méditerranée soit mise en coupe réglée par les djihadistes. Il est urgent de déployer une force maritime non seulement pour contrôler les flux de réfugiés mais pour rétablir la sécurité sur cette mer vitale pour l'Europe comme pour l'Afrique, qui constitue la nouvelle frontière de la mondialisation. La lutte contre Boko Haram prend la dimension d'un test décisif non seulement pour le Nigeria mais aussi pour les démocraties.

De même que ce sont les musulmans qui en définitive mettront fin au djihad, ce sont les Nigérians qui doivent éradiquer Boko Haram. Tout d'abord en brisant le mur du déni, mais aussi en saisissant l'occasion de cette crise pour assainir, restructurer et renforcer l'armée comme la police. La remarquable efficacité des autorités et du système sanitaires dans la lutte contre l'épidémie Ebola a montré que la mobilisation était possible. La communauté internationale doit aussi répondre présente. À elle de contribuer à briser cette conspiration du silence, dont la durée témoigne du vieux préjugé selon lequel la violence extrême est une fatalité en Afrique. À elle de fournir à l'armée nigériane un appui en matière de renseignement et de contre-insurrection. À elle enfin d'intensifier la lutte contre AQMI et le processus de stabilisation de la Libye.

Reste un dernier front, interne aux démocraties. Il est urgent qu'elles accroissent leur culture stratégique et qu'elles développent leurs capacités cybernétiques : c'est un enjeu vital face à l'État islamique. Elles doivent investir dans le renseignement pour prévenir les attentats, mais aussi améliorer leur résilience face à ceux qui ne pourront être déjoués. Il faut enfin et surtout qu'elles se mobilisent pour mieux intégrer les musulmans et qu'elles proposent à la jeunesse des projets et des engagements alternatifs à la fascination délétère qu'exerce le djihad. Le défi est avant tout politique et moral : les nations libres doivent retrouver le courage d'incarner et de défendre la liberté dont elles se réclament.

VIII

Les métamorphoses du capitalisme

« Le nouveau ne sort pas de l'ancien, mais, à côté de l'ancien, lui fait concurrence jusqu'à le ruiner. »

Joseph Schumpeter, *Capitalisme, socialisme et démocratie*

Comme tout phénomène historique, la mondialisation est fragile et réversible. En 1914, la très brillante expansion du début du XXe siècle, portée par la seconde révolution industrielle, par l'émergence d'une vague de pays neufs et par l'envol des investissements internationaux, fut brisée net par le choc des nationalismes et la Grande Guerre. Le capitalisme libéral du XIXe siècle reflua devant la fermeture des frontières, la montée en puissance du rôle des États, le contrôle du mouvement des biens, des capitaux et des hommes. Ce n'est qu'à la fin des années quatre-vingt que l'économie mondiale retrouva un degré d'ouverture comparable à celui qui prévalait dans les années 1900. Entre-temps, la grande déflation des années trente avait provoqué l'effondrement des trois quarts du commerce international en raison de la flambée des protectionnismes et des dévaluations compétitives, tandis que les régimes totalitaires conjuguaient étatisation de l'économie et autarcie.

La mondialisation a résisté à la grande crise de 2008. Elle a conjuré le risque d'une nouvelle déflation mondiale. Elle n'a pas dégénéré en conflit armé global. Mais elle sort profondément transformée du choc.

Les prophéties d'une stagnation séculaire ne semblent nullement fondées. Il existe en effet de puissantes forces pour soutenir la croissance au cours du XXIe siècle. L'universalisation du développement et la montée des classes moyennes du Sud, le rôle croissant des seniors, l'économie de la connaissance, la robotisation, la transition écologique et énergétique constituent autant de promesses et de nouvelles frontières. Cela est vrai aussi bien du côté de l'offre, avec la perspective des formidables gains de productivité autorisés par la révolution des données, que du côté de la demande, avec l'élargissement des classes moyennes ou le décollage de l'Afrique.

Pour autant, le paradigme libéral qui s'est imposé à partir de la fin des années soixante-dix est révolu. Le temps du capitalisme actionnarial, de l'effacement des frontières, de la financiarisation de l'économie, de l'affirmation des marchés au détriment des États est clos. Les séquelles du choc de 2008 sont durables, du surendettement des États au chômage de masse en passant par les flots de liquidités déversés par les banques centrales ou par la répression financière qui bride l'activité des banques. La compétition pour capter la croissance, les investissements et les emplois encourage la guerre entre les monnaies, illustrée par les fluctuations du dollar, la stratégie d'internationalisation du yuan ou la chute de certaines devises (rouble, real brésilien, rand sud-africain, livre turque…).

Ce contexte n'implique pourtant pas le retour à l'économie administrée ou vers une société fermée. Comme dans les années trente ou soixante-dix, émerge une nouvelle norme de capitalisme qui s'accompagne d'une profonde modification de la hiérarchie des puissances. La crise accélère la transition engagée entre un monde qui disparaît et un monde qui naît. Des ruines de l'économie de bulle commence à se dégager un capitalisme plus entrepreneurial, partenarial et durable. Les échanges se réorganisent autour de pôles régionaux et de traités de commerce bilatéraux qui jouent un rôle comparable à celui des alliances au temps de la guerre froide, comme le montre la course de vitesse entre les États-Unis et la Chine pour structurer l'Asie-Pacifique – à travers le Partenariat transpacifique pour les premiers, les Nouvelles Routes de la Soie et la Banque asiatique d'investissement dans les infrastructures pour la seconde.

La revanche du Sud

Après des décennies perdues pour le développement, les pays du Sud sont entrés depuis les années quatre-vingt dans une phase de croissance intensive. La Chine en est le symbole qui, au terme de ses Trente Glorieuses, est passée de 3 % du PIB mondial en 1975 au statut de première économie du monde par la taille en 2014, supplantant les États-Unis en termes de parité de pouvoir d'achat (17 600 milliards de dollars contre 17 400 milliards), en même temps que le revenu par tête passait de 350 à 7 000 dollars. Mais le décollage est loin de se limiter à la Chine ou aux Brics[1] et se diffuse à des vagues successives de pays sur tous les continents.

1. Acronyme forgé en 2001 par Jim O'Neill, économiste en chef de Goldman Sachs, qui désignait à l'origine le Brésil, la Russie, l'Inde

Cette dynamique n'est pas sans rappeler celle de l'Europe de la révolution industrielle ou du Japon de l'ère Meiji, portée par l'urbanisation et par l'industrialisation : migrations de la population rurale vers les villes ; réalisation de gains de productivité très élevés grâce à l'emploi d'une main-d'œuvre agricole qualifiée dans les usines et à la mobilisation de l'épargne vers l'investissement productif ; conquête de parts de marché internationales grâce à la faiblesse du coût du travail ; constitution progressive d'un marché intérieur avec la diminution de la pauvreté et la constitution d'une classe moyenne. S'il n'existe pas de modèle et si les pays émergents sont très hétérogènes, notamment en termes de richesses naturelles, force est de constater que le décollage comporte des points communs. L'insertion dans la mondialisation. L'urbanisation qui permet de réduire la sous-productivité et la pauvreté dans les régions rurales. La diversification de l'activité vers l'industrie et les services. Les gains de productivité du capital dans des pays où la dette publique est très réduite. La concentration des investissements publics dans les infrastructures – notamment urbaines –, dans l'éducation et la santé. La transformation des politiques publiques fondée sur la réforme des États et sur la montée en puissance du marché.

Le second moteur du décollage est géographique. Au départ, le développement fut concentré en Asie et dans les Brics, la croissance moyenne atteignant jusqu'à 10,5 % en Chine, 6,5 % en Inde, 6 % en Russie et 5 % au Brésil au cours des années 2000. La Chine s'imposa comme l'usine

---

et la Chine et qui fut étendu à l'Afrique du Sud en 2009, à l'occasion du sommet d'Ekaterinbourg.

du monde, l'Inde comme son prestataire de services, le Brésil comme son grenier, la Russie comme son réservoir d'hydrocarbures concurrençant l'OPEP. Puis la dynamique se diffusa à tous les continents, notamment à l'Afrique qui s'est affranchie de la pauvreté et du sous-développement. De nouveaux pays prennent leur essor depuis la fin de la décennie 2000. En Asie, l'Indonésie, forte de ses 240 millions d'habitants et de ses ressources naturelles, le Vietnam, les Philippines, la Thaïlande ou la Malaisie connaissent une croissance très rapide. En Amérique du Sud, le Mexique éclipse le Brésil, avec une activité en hausse de 4 %, tirée par la diversification de l'activité et la montée des services, tandis que la Colombie et le Pérou progressent de plus de 6 % par an. En Afrique, le Nigeria, devenu en 2014 la première économie du continent, l'Éthiopie, l'Angola ou le Mozambique accélèrent spectaculairement.

Le centre de gravité du capitalisme se déplace rapidement vers l'Asie-Pacifique et le Sud. Les pays émergents représentent désormais près de la moitié du PIB de la planète. Ils génèrent 52 % de la production industrielle, 48 % des exportations et 34 % d'une demande adossée à une nouvelle classe moyenne d'un milliard d'hommes qui en comptera plus de 2,5 milliards en 2030. Leurs fonds souverains alignent une force de frappe financière de 4 000 milliards de dollars. Leurs entreprises mondialisées rivalisent pour le leadership planétaire dans des secteurs décisifs comme l'informatique, la téléphonie et les télécommunications, le pétrole et les énergies renouvelables, les mines ou la chimie, et n'hésitent pas à racheter leurs concurrents du monde développé. Tout cela se traduit par un resserrement de plus d'un tiers de l'écart de richesse entre le Nord et le Sud depuis 1990.

Le renouveau du Sud, ancré dans son décollage économique, se déploie dans tous les champs – de la stratégie à la diplomatie en passant par les sciences, le sport ou l'art contemporain. Les jeux Olympiques d'été de 2008 puis d'hiver de 2020 comme l'Exposition universelle de Shanghai symbolisent la nouvelle puissance de la Chine, la Coupe du monde d'Afrique du Sud la renaissance du continent noir, les Jeux d'hiver de Sotchi ou ceux de Rio en 2016 la fierté de la Russie ou du Brésil. Par ailleurs, le poids des pays émergents s'est notablement renforcé dans les organisations internationales, notamment le FMI et la Banque mondiale, ce qui va de pair avec la volonté de fonder des instruments qui leur soient propres – telle la Banque asiatique d'investissement pour les infrastructures. Ces nouvelles institutions promues par les pays émergents, notamment la Chine, concurrencent directement les instances multilatérales issues de la Seconde Guerre mondiale et visent à briser le monopole du dollar comme monnaie internationale, matérialisant la remise en cause de l'hégémonie occidentale.

Metropolis

Les villes sont indissociables de la modernité, car elles concentrent les talents, les richesses, les technologies, les centres de décision. Sumer inventa l'écriture, Athènes la démocratie, Rome l'organisation administrative, technique et militaire permettant de contrôler un immense empire. Les villes européennes expérimentèrent le libre gouvernement au Moyen Âge, firent émerger la révolution industrielle puis furent le théâtre des révolutions qui marquèrent l'avènement de la société démocratique. L'apparition du capitalisme, ses mutations puis son universalisation furent impulsées par des cités-monde : Gênes, Venise, Séville, Amsterdam, Londres puis New York.

La mondialisation, du fait de sa multipolarité, n'est pas dominée par une cité universelle. Elle s'organise autour de mégalopoles qui servent de nœuds aux réseaux qui innervent la société ouverte : New York, Los Angeles et San Francisco, Londres et Berlin, Dubaï et Singapour, Hong Kong et Shanghai, demain Djakarta, Istanbul, São Paulo, Mexico, Le Caire ou Lagos. Ces villes concentrent les défis du XXIe siècle. En 2050, elles abriteront 65 % des 10 milliards d'hommes qui peupleront la planète. D'ici à 2025, les 600 premières villes du monde compteront 310 millions d'habitants et généreront 34 000 milliards de dollars de richesses nouvelles pour représenter 60 % du PIB de la planète.

Ces métropoles, par l'attraction qu'elles exercent sur les entrepreneurs et les cerveaux servent de berceau à l'économie de la connaissance et aux services à haute valeur ajoutée. Les 100 premières villes des États-Unis rassemblent ainsi 66 % de la population, comptent 90 % des travailleurs qualifiés et produisent 75 % de la richesse nationale. Au Royaume-Uni, le grand Londres représente plus de 40 % du PIB britannique. En matière d'innovation, ce sont les villes californiennes, directement confrontées aux risques sismiques et à la pollution, qui ont pris le leadership des technologies du développement durable en s'affranchissant du mépris pour l'environnement affiché par l'administration Bush.

Ces méga-cités sont les champions et les étendards des nations que la mondialisation met en concurrence. Elles rivalisent pour attirer les talents et les cerveaux, les capitaux, les centres de décision et de recherche. Elles s'émancipent des États pour se doter d'une législation et d'une fiscalité spécifiques, à l'exemple de Shanghai s'inspirant des réussites de Singapour ou de Hong Kong. Elles sont connectées et fonctionnent en réseau pour former une sorte de Cyber-Ligue hanséatique. Elles n'hésitent pas à s'afficher et à prendre à témoin l'opinion mondiale à grand renfort d'exploits architecturaux spectaculaires, d'événements sportifs – Coupe du monde de football, jeux Olympiques, Formule 1 – ou culturels – des musées aux foires d'art contemporain en passant par les opéras.

Car la métropole se doit d'offrir des infrastructures performantes – notamment sur le plan des communications –, des centres de recherche, la présence de grands groupes qui organisent les filières de production, la sécurité des personnes et des biens, une qualité et un style de vie. Les centres de décision jouent un rôle décisif pour fédérer les talents et les énergies. Or la donne change. Aujourd'hui, les 8 000 groupes dont le chiffre d'affaires dépasse un milliard de dollars sont localisés aux trois quarts dans les métropoles des pays développés et pour un tiers dans les vingt premières villes. D'ici à 2025, 7 000 nouvelles entreprises géantes vont apparaître, dont les deux tiers naîtront dans les pays émergents et 80 % se répartiront dans 160 villes, incarnant les nouvelles frontières du développement. Dans cette course de vitesse, nombre de villes européennes sont menacées de marginalisation, à l'image d'Athènes ou Lisbonne, Vienne, Barcelone et, osons le dire, Paris.

En définitive, ces métropoles épousent la mondialisation. Elles imaginent les produits et les modes de vie du futur tout en fabriquant une nouvelle classe moyenne connectée et ouverte sur le monde. Au moment où la politique des nations est prise sous le feu croisé de la faiblesse du leadership et de la poussée des populismes, la ville redevient le socle de la modernité. Plus les États se montrent rigides et incapables de se réformer, plus les villes se font flexibles et adaptables. C'est sur le terrain, dans les métropoles, que se réinventent aujourd'hui la responsabilité et l'engagement, le travail et l'éducation, les mœurs et le vivre-ensemble. Mais c'est aussi là que l'espace se polarise et que les inégalités se creusent. Les villes, comme les entreprises, sont mortelles. L'essor des métropoles émergentes va de pair avec la marginalisation des capitales des empires déchus, notamment en Europe. Au sein même des États-Unis, l'essor foudroyant de Houston ou Raleigh contraste avec la chute de Detroit.

L'Afrique est enfin bien partie

Autre révolution positive, l'Afrique décolle soixante ans après les indépendances ! Elle est en passe de sortir du sous-développement et de la pauvreté dans lesquels elle se trouvait enfermée, grâce à une croissance deux fois plus rapide que l'augmentation de sa population. Au moment où la croissance mondiale plafonne à 3 % et où les grands émergents ralentissent, l'Afrique affiche la plus forte progression de l'activité (4,5 % en 2015 et 5 % en 2016), avec une hausse de plus de 6 % par an dans la zone subsahélienne. Six des dix pays connaissant le développement le plus rapide se trouvent en Afrique, à l'image du Nigeria, de l'Éthiopie ou de l'Angola qui appartiennent à la nouvelle vague des pays émergents. Dans le même temps, l'inflation reste contenue. Enfin, héritage positif des politiques d'ajustement des dernières décennies du XXe siècle, le déficit et la dette publics demeurent sous contrôle.

En bref, l'Afrique se trouve à l'aube de ses Trente Glorieuses. Et ses lions s'apprêtent à prendre le relais des dragons asiatiques de la seconde moitié du XXe siècle. Non sans emprunter une voie qui leur est propre et qui se démarque de la priorité que l'Asie, servie par un coût du travail très faible, a accordée aux exportations vers les pays développés.

Pourquoi ce démarrage ? On retrouve aujourd'hui en Afrique certains des éléments qui mirent l'Asie sur la voie du développement. La croissance démographique : l'Afrique rassemble un milliard d'habitants ; elle en comptera deux milliards en 2050 et 4,5 milliards en 2100. Avec une proportion de citadins passée de 19 à 39 % depuis 1960 et qui excédera 50 % dès 2040, l'urbanisation favorise l'apparition d'une large classe moyenne. Le continent se structure autour de 52 villes de plus d'un million d'habitants, dont les mégalopoles de Lagos avec ses 17 millions d'habitants et de Kinshasa et ses 10 millions d'âmes. La hausse de la productivité est alimentée par la scolarisation (91 % des enfants aujourd'hui contre 52 % en 1990 pour le primaire) et la diversification de la production à partir du secteur agricole. L'amélioration de la gouvernance et les progrès de l'État de droit se poursuivent depuis le symbole que fut la fin de l'apartheid : 20 des 54 États du continent sont aujourd'hui des démocraties contre 4 en 1990.

Mais ce modèle de développement comporte aussi des traits singuliers. Sa stabilité provient de la prééminence de la demande intérieure. Les moteurs en sont la réduction de la pauvreté, passée de plus de 50 % à 31 % depuis 1990, et la constitution d'une classe moyenne qui rassemble près de 350 millions de personnes. Symbole de l'essor de la consommation, l'Afrique représente désormais le second marché pour les télécommunications, avec un objectif d'un milliard de terminaux en 2016. Elle sert de laboratoire à Google et Facebook pour le déploiement des flottes de satellites et de drones qui permettront à chacun d'accéder à Internet. Le continent bénéficie d'immenses richesses en ressources naturelles, qu'il s'agisse des terres arables, des métaux ou des sources d'énergie – de l'hydraulique au solaire. Le développement n'est pas polarisé autour de l'industrie mais réserve une large place à l'agriculture, aux services et au tourisme, ce qui peut lui permettre d'éviter la dégradation accélérée de l'environnement qui ravage les villes chinoises ou indiennes. Ainsi, l'Éthiopie, forte de près de 100 millions d'habitants et d'une croissance de 10 % par an, s'est fixé pour objectif de rejoindre en dix ans les pays émergents sans émettre une tonne de carbone supplémentaire grâce au développement de l'hydroélectricité, de l'éolien et du solaire.

Autre originalité, la croissance n'est pas tirée par l'État mais par le secteur privé qui génère 90 % des créations d'emplois, deux tiers des investissements et 70 % de l'activité, ainsi que par le dynamisme d'une nouvelle génération d'entrepreneurs qui créent 400 000 nouvelles sociétés par an. Ainsi le Kenya, autour de Nairobi, s'affirme comme l'un des hauts lieux de l'économie numérique et l'une des villes phares pour le développement des start-up. Le continent a par ailleurs été préservé des excès de la finance, des bulles spéculatives et du surendettement en raison du sous-développement des banques et de sa longue marginalisation dans les circuits de capitaux. Enfin, l'Afrique est entrée de plain-pied dans la mondialisation et ses exportations, qui ont quadruplé depuis 2000, sont largement orientées vers les émergents.

Pour autant, la poursuite du miracle africain n'est pas plus inéluctable que le déclin des pays développés n'est fatal. Trois défis sont à relever : l'installation durable d'une croissance intensive et inclusive ; l'endiguement de la violence ; l'affermissement progressif de la démocratie face à l'impatience des peuples, et notamment de la jeunesse.

Pour pérenniser son décollage, l'Afrique doit valoriser au mieux ses atouts et passer de la logique du rattrapage à celle de l'anticipation. Le continent va devenir le réservoir de main-d'œuvre d'un monde vieillissant, avec une population active qui atteindra 1,5 milliard de travailleurs. Mais il devra former et intégrer les jeunes diplômés, sauf à courir le risque d'un chômage de masse qui ne manquerait pas de nourrir l'instabilité politique et sociale. L'investissement est décisif, notamment dans les infrastructures dont les lacunes constituent l'un des principaux obstacles à la croissance. Le taux de raccordement à l'électricité et d'accès à des routes permanentes est réduit à 43 % tandis que la moitié de la population continue de s'abriter dans des conditions insalubres ou précaires. La contrainte du financement est décisive. Elle peut être levée par le développement des places financières, des banques et des fonds spécialisés, afin de mobiliser l'épargne de la population, de la diaspora et des investisseurs internationaux au service de la production.

La libéralisation des échanges et l'intégration régionale constituent un autre moteur puissant pour le développement ainsi qu'un formidable gisement d'emplois. Les flux internes au continent se limitent à 12 % du commerce extérieur de l'Afrique contre 45 % pour l'Asie-Pacifique et 65 % pour l'Europe. Les droits de douane moyens culminent à 15 % contre 4 % en moyenne dans le monde. Voilà pourquoi la signature à Charm el-Cheikh, en juin 2015, d'un traité de libre-échange par 26 des 54 États africains qui vont du cap de Bonne-Espérance à la Méditerranée, marque un tournant. Cet espace commercial, qui rassemble une population de 625 millions d'habitants, génère un PIB de 1 200 milliards de dollars et induit 100 milliards de dollars d'échanges par an, peut s'affirmer comme le troisième marché du monde après l'Union européenne et l'Alena. L'intégration commerciale de l'Afrique de l'Est et du Sud appelle par ailleurs la constitution d'une zone de libre-échange en Afrique de l'Ouest autour de la zone franc CFA et du Nigeria, prélude à l'émergence d'un très grand marché panafricain qui assurerait la liberté de circulation des hommes, des biens, des services et des capitaux.

La première condition pour la réussite demeure cependant l'amélioration de sa sécurité, indissociable des progrès de l'État de droit. En dépit de son décollage, l'Afrique reste sous la menace d'une violence extrême. Elle est la terre d'élection de guerres civiles et extérieures, religieuses et ethniques, qui peuvent aller jusqu'au génocide comme au Rwanda ou en Centrafrique. Sur 54 États, 19 sont considérés comme fragiles ou en ruine, à l'image du chaos qui s'est installé en

Libye, au Mali, en Centrafrique ou encore au Congo, pays qui offrent tous d'immenses espaces aux groupes terroristes et aux activités criminelles. Un arc de la terreur déploie ainsi du Nigeria à l'Égypte des groupes qui cherchent à opérer leur jonction. Boko Haram, rebaptisé État islamique-wilaya d'Afrique de l'Ouest, multiplie les attentats kamikazes au Nigeria, au Cameroun et au Tchad depuis son sanctuaire situé entre la forêt de Sambisa, le lac Tchad et les monts Mandara ; l'État islamique et les ralliés à Al-Qaïda frappent dans tout le Maghreb, du Maroc à l'Égypte ; les Shebabs somaliens attaquent régulièrement le Kenya. Depuis 1990, quelque 500 conflits armés en Afrique ont multiplié réfugiés, déplacés et migrants en tout genre. La guerre, la misère et la décomposition des États – indissociable de l'absence de services de santé ou d'éducation – expliquent également le foisonnement des pandémies, du sida au virus Ebola.

Le Nigeria est emblématique du double visage de ce continent. Avec ses 178 millions d'habitants qui seront plus de 400 millions en 2050 et au terme d'une décennie de croissance supérieure à 8 %, il s'impose comme la première économie du continent. Il a connu en mars 2015 la première alternance démocratique depuis son indépendance en 1960, après six coups d'État et seize ans de domination sans partage du Parti démocratique populaire. La poursuite de son développement dépend pourtant entièrement d'une lutte efficace contre la corruption et de l'éradication de Boko Haram – un double défi au cœur du mandat reçu par le général Buhari.

Le décollage de l'Afrique provoque de gigantesques bouleversements. Ils devront être gérés avec prudence, pour éviter l'explosion des inégalités et des violences. Le phénomène est cependant solidement adossé à l'optimisme des citoyens, qui croient au progrès et en un avenir meilleur, ainsi qu'à une nouvelle génération de leaders politiques et d'entrepreneurs qui entendent mieux marquer le destin du continent. La stabilisation des États, la lutte contre la corruption et le terrorisme islamique sont des priorités. Elles ont pour pendant la poursuite du renforcement de la démocratie et de l'État de droit, le respect du pluralisme et des minorités ethniques, mesures qui représentent les meilleurs moyens de prévenir l'engrenage des conflits intérieurs. Ce lien entre sécurité et démocratie a été souligné à juste titre par Barack Obama lors de son voyage au Kenya puis à la tribune de l'Union africaine en juillet 2015. Au total, l'émergence du continent noir constitue une immense chance pour les Africains comme pour le reste du monde, et notamment pour l'Europe qui peut y trouver un antidote au vieillissement, au repli et à la lassitude.

La transition écologique

Au-delà des polémiques sur le rôle de la dynamique spontanée du système planétaire d'une part, de l'augmentation de la population mondiale et de l'activité économique d'autre part, deux réalités modifient le rapport des hommes à l'environnement. Tout d'abord, les ressources dont ils disposent sont désormais limitées. Ensuite, les risques qui naissent du changement climatique imposent une action déterminée pour en limiter l'impact. Le problème n'est plus simplement écologique ; il est économique et politique car il invite à remettre en cause la régulation du capitalisme.

Le constat est sans appel. Les évolutions climatiques

observées impliquent une hausse de 2 à 5 degrés de la température moyenne de la planète d'ici à 2100. À comparer à l'augmentation de 0,6 degré enregistrée au cours du dernier siècle ! L'élévation du niveau des océans, leur acidification, l'augmentation des précipitations et des phénomènes extrêmes (tempêtes, ouragans, tsunamis...), la pénurie d'eau pour trois milliards d'hommes, l'extinction de 20 à 30 % des espèces animales et végétales en seront la conséquence. La submersion des zones littorales pourrait entraîner le déplacement de millions d'habitants, tandis que les rendements agricoles reculeraient de 25 % et que les ressources halieutiques s'effondreraient.

Force est de constater que ces urgences n'ont pas jusqu'alors été prises en compte. Le protocole de Kyoto, adopté en 1997, s'est désintégré avec le refus des États-Unis de le ratifier puis le retrait de la Russie, du Japon, de la Nouvelle-Zélande et du Canada. Les conférences de Copenhague en 2009, puis Cancún et Durban se sont soldées par autant d'échecs. L'engagement de créer un fonds de 100 milliards de dollars financé par les pays développés est resté lettre morte après le krach de 2008. Pour finir, la COP 21 s'est achevée par un accord qui constitue une promesse diplomatique plus qu'une avancée climatique puisqu'il n'est accompagné d'aucun engagement contraignant.

Pourtant se dessine un tournant majeur. D'abord l'enchaînement des désastres, des tsunamis en Asie à l'ouragan Katrina en passant par la multiplication des catastrophes qui n'ont plus de naturelles que le nom, a entraîné une prise de conscience mondiale. Ensuite, les États-Unis, la Chine et l'Inde ont changé radicalement d'attitude. En opposition avec le déni dans lequel s'était enfermée l'administration

Bush, Barack Obama a érigé la lutte contre le réchauffement climatique en priorité nationale. Son objectif vise à réduire de 32 % les émissions de gaz à effet de serre des centrales à charbon et de porter la part des énergies renouvelables à 28 % d'ici à 2030. Dans le même temps, la dévastation des terres, de l'eau et de l'air ainsi que les émeutes provoquées par la pollution en Chine ont conduit le gouvernement, sous l'impulsion de Xi Jinping, à entreprendre de corriger le modèle économique en mettant l'accent sur la protection de l'environnement. Les deux plus grands émetteurs de carbone avec respectivement 5,2 et 9,9 milliards de tonnes sur les 36,1 milliards produites dans le monde, ont acté leur nouvelle stratégie en signant à Pékin, le 12 novembre 2014, un traité qui prévoit la réduction de 26 à 28 % des émissions américaines d'ici à 2025 et leur diminution en Chine à partir de 2030.

Parallèlement à l'accord nécessairement limité entre 196 États, la lutte contre les dérèglements climatiques doit surtout explorer des voies neuves. La création d'une ONU de l'environnement ne constitue nullement la riposte la plus adaptée. Les réponses sont en effet aussi diverses que les risques : selon les continents, ils se manifesteront par la submersion, les inondations, les tempêtes, ou par la dégradation des villes, des sols, l'accès à l'eau, la déforestation, voire le recul de la biodiversité.

Plus que les grands-messes comptent les initiatives décentralisées. La conférence de Lima en 2014 a ainsi institué le principe de plans nationaux spécifiques, illustrés par le développement des éco-cités en Asie ou par la priorité donnée par la Norvège aux voitures électriques qui représentent 20 % des ventes. De même, une percée importante a été effectuée à New York l'an dernier avec le lancement d'initiatives sectorielles dans l'énergie, les forêts, les transports ou l'agriculture. Partout dans le monde, les métropoles qui structurent la mondialisation repensent leur développement tandis que les entreprises investissent massivement dans des innovations de rupture qui améliorent la productivité tout en ménageant les ressources naturelles. Enfin, les États-Unis et la Chine ont ouvert avec le traité de Pékin la voie de traités bilatéraux entre les grands blocs qui se révèlent plus efficaces que d'introuvables accords universels dans le domaine de l'environnement comme dans celui du commerce.

Au plan économique, une nouvelle gamme d'instruments doit être mobilisée. Du côté de la régulation, avec la création d'un marché mondial du carbone. Du côté de la production, avec l'innovation technologique, notamment en matière de gestion de l'eau, dans le domaine aussi des villes compactes, des batteries et du stockage de l'électricité, des immeubles à énergie positive, des véhicules électriques et automatiques, de la captation du carbone.

La transition écologique constitue bien l'une des clés du XXIe siècle. Elle n'implique en rien la décroissance et le malthusianisme, mais passe par l'utilisation efficace de ressources rares. La protection de l'environnement n'est nullement l'ennemi de la compétitivité. D'autant qu'elle peut s'appuyer sur la révolution numérique.

La révolution numérique

La convergence entre l'informatique, les nanosciences et la biologie inaugure l'ère numérique. Nous entrons dans la civilisation des données. La technologie du Big Data consiste, par la démultiplication des puissances de calcul et de stockage, dans le traitement et l'analyse à très haute vitesse de volumes massifs de données individuelles diverses. Elle marque la troisième révolution de l'informatique. La première, quantitative, fut celle de la mécanisation des opérations au sein des grandes organisations – dont IBM est le symbole. La deuxième, placée sous le signe d'Internet, fut celle des réseaux et des communautés. La troisième est celle du traitement des données, qui replace l'individu au centre de la production de l'information, de la connaissance et de la valeur. Aujourd'hui, 1,7 milliard d'individus génèrent et échangent des informations personnelles en temps réel sur les réseaux sociaux, bouleversant la science, l'économie et les relations de pouvoir. Google – qui a acquis successivement Titan Aerospace et Skybox – et Facebook rivalisent, par ailleurs, à grand renfort de satellites, de drones et de ballons gonflés à l'hélium pour connecter à terme rapproché l'ensemble de l'humanité.

La percée d'Uber et les violentes résistances qu'elle suscite symbolisent la disruption que provoque l'ère digitale et soulignent aussi sa singularité. L'irruption de la machine à vapeur, du chemin de fer, de l'automobile, du pétrole et de l'électricité ont bouleversé les modes de production, l'organisation du travail et de la société. Rien, cependant, n'a eu la puissance de la révolution numérique, qui se distingue par six traits.

Elle est transverse et touche tous les secteurs d'activité, des médias aux transports et à l'énergie en passant par la finance et les services publics. Elle impacte la totalité des métiers y compris les services très qualifiés, au lieu de se limiter à la production des matières premières ou des biens matériels. Elle permet à chaque individu, donc au consommateur, de se transformer en producteur à sa convenance, via les services de taxis Uber-Pop ou la location de logements Airbnb. Elle remet ainsi en question le lien salarial. Elle se diffuse très rapidement dans le temps et dans l'espace, créant un réseau mondial d'écosystèmes de start-up reliant la Silicon Valley et New York, Boston et Chicago, Londres, Berlin et Paris, Tel-Aviv, Singapour, Bangalore, Sydney et São Paulo. Enfin, la convergence entre les données, les objets, la biologie et les neurosciences modifie profondément la relation entre l'homme et la machine. Hier la machine prolongeait l'homme en exécutant des tâches répétitives. Aujourd'hui, la machine peut se substituer à lui en effectuant indépendamment de toute intervention humaine des diagnostics, des opérations complexes et uniques, par exemple dans le domaine médical, mais aussi des frappes militaires sur des cibles. Elle peut aussi démultiplier ses capacités.

Bernanos, dans *La France contre les robots*, affirmait en 1946 qu'« un monde gagné pour la technique est perdu pour la liberté ». Comme toute révolution technologique, l'ère numérique relève du domaine des moyens et non des fins. Les risques sont proportionnels aux promesses. Ils peuvent être résumés en une formule : Big Data, Big Business, Big Government, Big Brother. Prétendre bloquer l'ère numérique est illusoire et dangereux car elle recèle de formidables progrès. Mais il est indispensable de s'y préparer et de la piloter.

Les conséquences de la révolution numérique restent sous-estimées. Sur le plan économique, l'impression 3D réinvente la production tandis que l'Internet des objets leur permet de communiquer directement. Déjà, les États-Unis expérimentent ces nouveaux modes de fabrication dans un laboratoire créé à Youngstown, dans l'Ohio. L'intégration des services dans les produits rend définitivement caduque la distinction de l'industrie et des services, à l'exemple de l'automobile qui sera à la fois pilotée automatiquement et connectée, ou de la construction dominée par la domotique assurant la gestion intégrée et en temps réel des équipements de la maison. Les services publics devront rompre avec le modèle de la massification pour s'adapter aux individus, qu'il s'agisse de l'éducation en ligne ou de la médecine prédictive et réparatrice. Par ailleurs, les chaînes de valeurs sont renversées : les profits sont monopolisés par les plates-formes qui maîtrisent l'accès aux consommateurs à travers la gestion des données, au détriment des producteurs de biens ou de services, comme le montre l'hôtellerie. La tension est maximale entre les entreprises traditionnelles, qui exercent dans un cadre fortement régulé et taxé, et les nouveaux acteurs digitaux qui s'émancipent des frontières, des États, des impôts et des charges sociales.

Les modes d'organisation et de travail, les équilibres sociaux et la vie politique se trouvent bouleversés. Les filières, les structures hiérarchiques et cloisonnées sont rendues obsolètes par les plates-formes ouvertes et collaboratives. L'intelligence artificielle et la robotisation libèrent les hommes des tâches liées à la production. Mais de ce fait, la moitié des emplois existants seront remis en question d'ici à 2030. Ainsi, les États-Unis comptent-ils plus de quatre millions de chauffeurs dont le poste pourrait disparaître avec l'automatisation des véhicules. Sur le plan social, la divergence des emplois et des rémunérations en fonction de l'aptitude à évoluer dans l'environnement digital menace non seulement la stabilité mais l'existence des classes moyennes.

C'est pour la politique que le choc s'avère le plus violent. Au moment où les dirigeants des démocraties peinent à réagir face à des séquelles héritées de crises passées – concurrence des émergents, chômage de masse, États-providence insoutenables, surendettements public et privé –, ils se trouvent confrontés à quatre défis redoutables. Défi d'efficacité : les instruments traditionnels d'intervention que sont la norme et les impôts sont largement contournés par le cybermonde où plates-formes et consommateurs se jouent des frontières. Défi financier : les politiques publiques et les systèmes de protection sociale se trouvent privés de leurs ressources. Défi démocratique : l'implosion des classes moyennes et du salariat sape le socle sociologique et politique des nations libres. Défi stratégique : la révolution numérique est pour l'heure dominée par l'oligopole des firmes technologiques américaines, dont quatre figurent parmi les vingt premières capitalisations des États-Unis contre aucune en Europe. Et ce, quand notre continent disposait en 2000 du leadership dans les télécommunications.

La révolution numérique favorise la réhabilitation de l'individu et du marché dont le champ d'action et les responsabilités s'étendent. Chacun peut maîtriser la production de ses données, consentir à leur transmission, bénéficier de leur confrontation avec celles d'un vaste ensemble d'inconnus. Chacun se trouve en amont et en aval, producteur et consommateur. Les plates-formes de partage marginalisent les grands appareils hiérarchiques qui contrôlaient l'économie et la société. Le citoyen se voit restituer son libre arbitre et sa capacité à décider de son destin. Loin de disparaître, la solidarité est refondée par la base au lieu d'être imposée par le haut. Enfin, la civilisation numérique ouvre de nouvelles perspectives à la démocratie participative en permettant de consulter et d'associer les citoyens aux décisions.

Surgissent alors trois risques majeurs. Le premier concerne la sécurité des réseaux et des données face aux menaces de destruction, de vol, de confiscation et surtout de manipulation, y compris par les organisations terroristes, comme le cas de l'État islamique le montre. Le deuxième touche au respect de la liberté et de la vie privée, qui disparaît dans un cybermonde où chacun peut être identifié, localisé, conseillé, surveillé à chaque instant. Le dernier a trait à la souveraineté numérique. Souveraineté de l'individu sur ses données donc sur son identité. Souveraineté des États dans le domaine fiscal et réglementaire. Souveraineté du reste du monde face au monopole que les États-Unis détiennent de fait sur un cybermonde mis au service d'un programme de surveillance électronique planétaire, que révéla Edward Snowden.

L'économie numérique reste aujourd'hui contrôlée par l'oligopole américain dit GAFA (Google, Apple, Facebook, Amazon), qui absorbe la nouvelle génération de services concurrents, à l'image du rachat de YouTube par Google ou d'Instagram par Facebook. Google, fort d'une maîtrise d'un quart du trafic aux États-Unis et de 90 % du marché de la recherche en ligne dans les pays développés, cherche à intégrer acquisition privilégiée des données, propriété de l'infrastructure des réseaux et monopolisation des services. Dans le même temps, Amazon devient éditeur et gestionnaire des données de ses clients. Au sein de cette cyberéconomie, l'Europe a été marginalisée en une décennie. À l'inverse, la Chine investit massivement pour contrebalancer le leadership américain, imposant des champions tels Alibaba pour le commerce en ligne, Lenovo pour les terminaux, Huawei et ZTE pour l'équipement et la gestion des réseaux. D'autres nations comme Israël ont réussi à faire émerger une industrie numérique en utilisant les ressorts de la Silicon Valley pour concentrer avec succès dans le Neguev unités militaires, centres de recherche et plus de 200 sociétés spécialisées dans la cybersécurité.

Face à la polarisation qu'impulse la révolution numérique, tous – individus, entreprises, nations, continents – doivent donc faire le choix de s'adapter. Soit par le haut, avec la qualité des services, la créativité et la vitalité de la société civile. Soit par le bas, avec l'écrasement des coûts et la perte de souveraineté.

Le destin de l'âge numérique se jouera autour d'un gigantesque effort d'éducation et de formation pour rehausser et valoriser le capital humain. La croissance de l'économie de la connaissance est à la fois durable et sans limite. Mais il faut pour cela accumuler les talents et les cerveaux qui sont l'enjeu d'une féroce compétition, partager les connaissances, investir massivement dans l'infrastructure digitale. Ce sont en effet les individus et les entreprises qui sont à la pointe de la révolution numérique. Une triple responsabilité échoit aux pouvoirs publics : élaborer un cadre réglementaire, concurrentiel et fiscal qui reste compatible avec l'innovation ; garantir la qualité et la sécurité des données qui deviennent un élément clé des libertés individuelles ; contribuer à faire émerger une gouvernance internationale du numérique. D'où l'urgence d'une réflexion associant acteurs publics et privés pour définir des valeurs et une éthique, des institutions et des normes, des droits fondamentaux : accès aux données et à leur source, consentement explicite et a priori à la transmission et au partage, droit à l'oubli. L'ère numérique doit augmenter et libérer l'homme et non pas l'asservir ou l'expulser.

Innover ou dépérir

Pour devenir effective, la croissance potentielle demande un formidable effort d'investissement indissociable d'une révolution culturelle réhabilitant le sens du risque, le goût de l'innovation, le respect du savoir et de la science.

L'innovation est en effet le moteur du capitalisme en phase d'expansion mais aussi lors de ses grandes crises. Elle peut être soit radicale – comme dans le cas du moteur à explosion ou du véhicule électrique, des antibiotiques, de l'énergie nucléaire, de la mécanisation du calcul par l'informatique –, ou progressive – à l'image des véhicules hybrides, du train à grande vitesse, des immeubles à énergie positive, des smartphones ou des tablettes. L'innovation touche également l'organisation du travail et des entreprises, la régulation du capitalisme, la vie sociale, les systèmes de pouvoir et les équilibres géopolitiques.

Ainsi l'histoire nous éclaire-t-elle : la longue stagnation de la fin du XIXe siècle prit fin avec la deuxième révolution industrielle, la création des grands groupes et du lien salarial, la poussée d'une première vague de pays émergents : Canada, Australie et Nouvelle-Zélande, Argentine et Chili, Japon, Russie et Turquie. Au même moment, les États-Unis prirent, avec le leadership de l'innovation, celui de l'économie mondiale. La Grande Dépression des années trente ne se dénoua qu'après la Seconde Guerre mondiale, avec le pilotage keynésien de l'activité par l'État et les systèmes de protection sociale qui stabilisèrent la production et la consommation de masse. Les chocs pétroliers qui précipitèrent la spirale de l'inflation et du chômage dans les années soixante-dix furent surmontés par le retour à une norme de capitalisme plus libérale et par l'ouverture des frontières.

Comme au début du XXe siècle, une course de vitesse est engagée entre d'une part la mondialisation qui rapproche les sociétés et les hommes et d'autre part, des forces qui poussent au chaos. Les multiples révolutions qui touchent la démographie, le capitalisme, les technologies, l'environnement, la stratégie peuvent aussi bien déboucher vers la diffusion du développement, vers un capitalisme entrepreneurial et partenarial, vers la paix que vers de nouvelles crises – contre lesquelles il n'existe plus de parade compte tenu du surendettement des États et de la surexposition des banques centrales. Et ces nouvelles crises pourraient conduire à un conflit planétaire.

Rien n'est joué et il ne dépend que des hommes de notre temps de conjurer le spectre de nouvelles années trente et de se diriger vers une sortie de crise positive, par le haut. Cessons donc de communier dans la lassitude de l'histoire et battons-nous pour l'écrire ! Notre devise pourrait être cette maxime d'Henry Miller : « Nul besoin de faire de la Terre un paradis : elle en est un. À nous de nous adapter pour l'habiter. »

IX

Radicalisation des conflits, fin des compromis

« Être inerte, c'est être battu. »

Général de Gaulle,
Mémorandum du 26 juin 1940

La disruption a pour compagnon de route la polarisation. Les forces divergentes ont pris le dessus au sein de la mondialisation depuis 2008. La dépression a été conjurée in extremis. La récession a été surmontée. Mais les périls qui persistent minent l'économie mondiale, expliquant le manque de vigueur de la reprise.

L'enchaînement du boom puis du krach a provoqué une très forte augmentation des inégalités. Non pas entre les pays développés et les pays émergents dont l'écart de richesse s'est réduit d'un tiers depuis 1990, contrairement aux prédictions d'Eric Hobsbawm[1]. Mais à l'intérieur des nations, entre les riches et les pauvres, les jeunes et les vieux, les urbains et les ruraux, les mobiles et les sédentaires, les connectés et les exclus du Web.

1. Eric J. Hobsbawm, *L'Âge des extrêmes, Histoire du court XXe siècle*, Paris, André Versaille éditeur, 2008, p. 732.

Le chômage, fléau le plus dangereux des économies de marché, reste à un niveau élevé dès qu'on prend en compte les travailleurs déclassés et découragés qui ont perdu tout espoir de retrouver une activité. Si les États-Unis sont redevenus une terre d'élection pour le travail, avec le retour du plein-emploi (taux de chômage réduit à 5 %) et des hausses de salaires atteignant 2,3 % par an, d'autres régions, à commencer par l'Europe du Sud, restent dévastées par un chômage de masse. Et ce, au moment où la révolution technologique s'apprête à remettre en cause la moitié des emplois existants dans les quinze prochaines années.

Le risque de déflation mondiale n'a été évité qu'au prix du réamorçage de l'économie de bulle. Le stock mondial des dettes a dépassé 200 000 milliards de dollars et continue à s'accroître. Le sauvetage du système bancaire n'a été acquis qu'au prix du surendettement des États et du report des pertes sur les contribuables, tandis que l'installation durable de taux d'intérêt nuls voire négatifs favorisait les emprunts privés. D'où la multiplication du nombre d'États en défaut de paiement, de l'Argentine à la Grèce en passant par l'Ukraine ou Porto Rico. Le phénomène concerne aussi les entreprises.

Enfin, le capitalisme, qui s'est toujours développé sur fond de progression de la population, va devoir s'adapter à la stabilisation et au vieillissement de la démographie mondiale. Or ils impliquent la limitation des marchés et des gains de productivité découlant de l'augmentation de la population active, qui s'élèveront au mieux à 0,3 % par an contre 1,8 % au cours du dernier demi-siècle.

Ces défis, de même que les risques planétaires liés au changement climatique, peuvent parfaitement être relevés par de nouveaux modèles économiques ainsi que par une coopération intelligente entre les États et les grands blocs régionaux. Mais comme dans l'entre-deux-guerres, la poussée des populismes à l'intérieur des nations libres, le regain des nationalismes, la multiplication des conflits territoriaux, la guerre de religion planétaire déclenchée par l'islamisme, interdisent de conclure des compromis qui permettraient de stabiliser le système mondial.

Lors de la Grande Dépression, l'échec de la conférence de Londres en 1933 déclencha une avalanche de dévaluations compétitives et de mesures protectionnistes. Elle détruisit les échanges internationaux et enracina la déflation. Elle déclencha une guerre commerciale et monétaire qui contribua à préparer le terrain au deuxième conflit mondial tout en créant la discorde entre les démocraties. Aujourd'hui, de même, toutes les grandes négociations internationales concernant la monnaie, le commerce, le désarmement ont échoué – à la seule exception de la COP 21 dans le domaine du climat – tandis que le mouvement d'intégration du continent européen tend à se retourner, de Grexit en Brexit. Et ce, en raison du repli des États, eux-mêmes victimes de la volonté des minorités ou des régions les plus riches de faire sécession.

Riches et pauvres

La mondialisation a réduit les inégalités entre les nations mais non au sein des nations. D'un côté, plus d'un milliard d'hommes ont échappé à la grande pauvreté depuis 1990. De l'autre, 1 % de la population détient 48 % des richesses mondiales quand 80 % s'en partagent 5,5 %. Les 80 personnes les plus riches détiennent 1 900 milliards de dollars, soit autant que les 3,5 milliards les plus pauvres ! Le décollage des pays émergents, à l'image de la Chine, devenue le pays le plus inégalitaire avec la Russie, ne suffit pas à expliquer la concentration des revenus et des richesses. Au sein des 34 pays de l'OCDE, les 10 % les plus riches disposent en effet d'un revenu supérieur de 9,6 fois à celui des 10 % les plus pauvres contre 7,1 fois dans les années quatre-vingt et 9,1 fois dans les années deux mille. Aux États-Unis, en particulier, les revenus des 1 % les plus riches ont progressé de 300 % depuis 1980 contre 40 % pour le revenu médian, tandis que l'écart de rémunération entre chef d'entreprise et salarié de base décuplait.

La polarisation des territoires épouse celle des richesses. La segmentation de l'espace s'accuse entre les villes et les espaces en voie de désertification, entre les métropoles innervant la mondialisation et leurs périphéries, entre les zones dévastées par la pollution et celles qui en sont préservées. L'urbanisation du monde est indissociable de sa bidonvillisation. En Asie, en Amérique latine, en Afrique, les villes naissent et se développent là où sont les hommes en même temps que les hommes se déplacent vers les villes. De vastes zones de peuplement anarchique se constituent, lesquelles, largement privées d'infrastructures élémentaires, concentrent les risques sanitaires – épidémie du virus Ebola dans les périphéries de Monrovia, en Sierra Leone, et Conakry, en Guinée –, la pollution et l'insécurité. Il n'est pas jusqu'à l'Europe, et notamment la France, où bidonvilles et campements de migrants ne soient de retour. Partout la mixité sociale tend à reculer. Loin des anciennes agglomérations, devenues invivables en raison de la pollution et dangereuses du fait de la criminalité et du terrorisme, se multiplient les projets de villes privées et fermées, à l'instar de Sun City en Arizona, de Lavasa au sud-est de Mumbai, ou de King Abdullah Economic City au nord de Djeddah. Simultanément, les régions les plus riches menacent de faire sécession, notamment pour des raisons fiscales, telles la Californie, la Catalogne, l'Écosse ou l'Italie du Nord.

La montée des inégalités renvoie à de multiples causes. Le démantèlement des frontières économiques a souligné l'asymétrie entre la mobilité du capital et la sédentarité du travail. À partir de la fin des années quatre-vingt, la déréglementation et les baisses d'impôts ont favorisé un déplacement de la valeur ajoutée en faveur du capital, poussant les plus pauvres à s'endetter pour consommer. Le flot de liquidités déversé par les banques centrales avant et après le krach de 2008 a provoqué la création puis la reconstitution de bulles spéculatives sur les actifs. Le chômage a fragilisé les revenus du travail. Les engagements financiers insoutenables des États-providence obligent à limiter les transferts sociaux. Enfin, les inégalités de statuts et de connaissances sont renforcées par l'échec des politiques d'intégration, par la dégradation des performances des systèmes éducatifs publics et par la révolution technologique.

Longtemps occultées, les conséquences négatives de la hausse des inégalités sont désormais reconnues. Elles freinent la croissance dès lors que les riches n'investissent pas suffisamment et se comportent en rentiers tandis que les pauvres doivent recourir au crédit pour consommer. Elles bloquent la mobilité sociale, y compris aux États-Unis où 42 % des Américains les plus pauvres le restent. Elles entretiennent l'exclusion et sapent la cohésion sociale. Elles nourrissent le désespoir et constituent un terreau de prédilection pour les extrémismes et les fanatismes.

La lutte contre les inégalités s'affirme donc comme l'une des clés de la sortie de crise. Du côté des pays émergents, la reconversion des modèles économiques vers le marché intérieur implique le développement de la consommation. Les mouvements sociaux en faveur d'une hausse des salaires et d'une amélioration des conditions de travail se multiplient, y compris en Chine où Xi Jinping lie maîtrise en douceur de l'hypercroissance, dégonflement des bulles spéculatives, réduction des inégalités entre les individus et les territoires, protection de l'environnement, lutte contre la corruption enfin. Du côté des pays développés, l'austérité et le redressement de la compétitivité sont indissociables de la justice sociale ainsi que d'un vaste effort d'investissement dans l'éducation et la formation tout au long de la vie. Aux États-Unis, le retour du plein-emploi et des hausses de salaires n'empêche en effet pas la crise aiguë des classes moyennes.

La réduction des inégalités est impérative. Elle implique une fiscalité raisonnable qui évite tant la suraccumulation des richesses – comme aux États-Unis – que la paupérisation et le blocage de l'investissement – comme en France. Elle dépend de la capacité à réformer pour mettre en place une nouvelle norme de production fondée sur l'innovation, un pacte social associant flexibilité et sécurité, des contrats politiques liant solidarité et consolidation financière des États : la dette publique se résume en effet à un impôt sur les pauvres et les générations futures. Elle est intimement liée à la croissance qui passe par l'apparition d'une nouvelle norme de capitalisme, entrepreneurial et partenarial, par le soutien de la productivité du travail, par la refonte des politiques sociales afin de casser la reproduction de la pauvreté, de favoriser la mobilité et l'accès à la connaissance – y compris par le recours massif à l'enseignement en ligne.

Jeunes et vieux

En dépit de la transition démographique et de la baisse de la fécondité, la population mondiale poursuivra sa croissance au XXIe siècle pour compter 11,2 milliards d'hommes en 2100. L'Europe perdra 100 millions d'habitants tandis que l'Asie en gagnera 500 millions et que l'Afrique en comptera 3,2 milliards. Dans le même temps, l'espérance de vie, qui atteint aujourd'hui soixante-dix ans, en progrès de six ans depuis 1990, s'élèvera à soixante-dix-sept ans en 2050 et quatre-vingt-trois ans en 2100. Il en résultera un spectaculaire vieillissement : les plus de soixante ans, qui sont 901 millions seront 2,1 milliards en 2050 et 3,2 milliards en 2100 ; le nombre des plus de quatre-vingts ans triplera d'ici à la moitié du siècle. Là encore, les différences seront marquées : les plus de soixante ans composeront en 2050 34 % de la population de l'Europe, 28 % de celle des États-Unis, 26 % de celle de l'Amérique latine, 25 % de celle de l'Asie, mais seulement 9 % de celle de l'Afrique.

La dynamique de la polarisation s'applique également à la population. D'un côté, des pays développés ou émergés avec des populations âgées, riches mais aussi souvent très endettées soit directement, soit indirectement, via les États et les engagements des systèmes sociaux. De l'autre, dans des pays en voie de décollage, des populations jeunes, pauvres, mais peu endettées.

La cohabitation de ces deux types de populations a trois conséquences.

Tout d'abord, l'augmentation de l'espérance de vie et le vieillissement imposent un vaste effort d'investissement pour soutenir les gains de productivité du travail mais aussi le recours systématique au travail des seniors. D'où la priorité qui doit être donnée à l'éducation et à la formation tout au long de la vie, notamment pour s'acclimater aux nouvelles technologies.

Par ailleurs, les migrations vont s'amplifier, comme on le constate déjà avec l'arrivée de 1,3 million de réfugiés en Europe en 2015. Et ce, tant pour des raisons économiques issues de la coexistence de zones pauvres à forte pression démographique et de régions riches à faible pression démographique, que pour des raisons géopolitiques liées à la multiplication des zones de chaos. Et demain peut-être pour des raisons climatiques. Chaque année, 4,1 millions de personnes gagnent les pays à hauts revenus : États-Unis, Europe, Canada et Australie. Ils seront plus de 200 millions à prendre ce chemin d'ici à 2050, représentant 82 % de la croissance de la population dans les pays développés.

Enfin, la démographie jouera un rôle clé dans la confrontation des modèles économiques comme des valeurs et des institutions politiques. Des démocraties vieillissantes et repues conserveront-elles une vitalité et une créativité suffisantes pour innover sur le plan économique, s'engager dans la stabilisation du monde et défendre la liberté ? Les nations émergentes, dont la force réside dans leur jeunesse, sauront-elles justement intégrer les jeunes ou les jetteront-elles dans les bras des fanatiques ? Parviendront-elles à retenir leurs talents et leurs élites pour les mettre au service de leur développement ? Choisiront-elles la coopération pour gérer un monde qui bascule en leur faveur ou la confrontation pour prendre leur revanche sur les anciennes métropoles coloniales ?

Pour l'heure, la plupart des occasions d'engager un dialogue sur les mouvements de biens, de capitaux ou de populations ont été perdues. Seule domine une compétition féroce entre les nations pour capter les facteurs de croissance, qu'il s'agisse des entrepreneurs et des cerveaux, des capitaux ou des matières premières, sans parler de la conquête de nouveaux territoires. La logique de la coopération ne s'est imposée qu'en 2008, de manière éphémère, au cœur de la crise, quand le G20 décida à Londres un plan mondial de sauvetage des banques et de relance keynésienne de l'activité pour endiguer le risque d'une grande déflation.

Classes moyennes émergentes contre classes moyennes traditionnelles

Le développement du capitalisme et de la démocratie dans les pays occidentaux, depuis la première révolution industrielle, a été adossé à l'émergence d'une vaste classe moyenne, qui fut stabilisée, au cours du XXe siècle par le salariat et par les transferts des États-providence. Or ces classes moyennes du Nord sont menacées par une succession de chocs, au premier rang desquels la naissance de leurs homologues du Sud.

Les classes moyennes des pays développés se trouvent

frappées de plein fouet par les séquelles des crises passées et par les grandes transformations à venir. Elles ont été durement touchées, tout particulièrement en France, par le chômage de masse, par la réduction de leurs revenus et de leurs patrimoines, par la hausse des impôts. Elles comptent désormais de véritables générations sacrifiées, notamment chez les jeunes contraints à l'exil par le chômage en Europe du Sud. Elles sont confrontées à la réduction des bénéfices des États-providence au moment où s'envolent les dettes et les engagements hors bilan des États qu'elles réassurent en tant que contribuables. Elles voient fondre sur elles les vagues migratoires, la concurrence des pays du Sud et la révolution technologique.

Le capitalisme entrepreneurial et l'économie numérique provoquent l'implosion du salariat, écartelé entre le travail très qualifié et fortement rémunéré d'une part, le travail faiblement qualifié, précaire et peu rémunéré d'autre part. L'augmentation des emplois à très haute valeur ajoutée s'accompagne de la paupérisation des nouveaux prolétaires, détrônés par les robots, dont le seul débouché réside dans les services de proximité. Ainsi, en Californie, la coexistence devient de plus en plus conflictuelle entre les « techies » de la Silicon Valley et le reste de la population qui se trouve progressivement expropriée et rejetée aux marges de la société.

Uber est symbolique de la rupture que les plates-formes numériques provoquent dans les modèles économiques et sociaux, y compris aux États-Unis où la société fait l'objet d'une action de groupe par les chauffeurs qui cherchent une reconnaissance du statut de salarié. Les plates-formes mettent en relation un consommateur et un prestataire qui peut être occasionnel, sans assurer elles-mêmes le service.

Elles permettent à chacun de devenir, à sa convenance et pour la durée qu'il souhaite, chauffeur de taxi, hôtelier, locataire de voiture ou de matériel. Et ce à l'exclusion de tout contrat de travail. Cette évolution s'ajoute à la restructuration des entreprises autour de leur cœur de métier et à la recherche d'une flexibilité maximale qui épouse les fluctuations des marchés pour éroder le salariat. Ainsi au Royaume-Uni, la libéralisation du travail est allée de pair avec la multiplication des travailleurs indépendants qui sont désormais près de 4,5 millions.

Les nouvelles technologies présentent par ailleurs des défis majeurs en termes de libertés publiques et de souveraineté. La citoyenneté numérique reste dans les limbes. La participation à l'humanité connectée implique l'aliénation des données personnelles au bénéfice des géants d'Internet. Simultanément, l'équilibre entre sécurité et liberté est redessiné. Un dilemme cruel se fait jour : être protégé mais surveillé en permanence ou bien libre mais à la merci de la violence. Les cybermenaces criminelles et terroristes appellent des mesures de protection des populations et des réseaux par les services de la police et du renseignement, dont les missions et les pouvoirs doivent être renforcés. La revendication initiale de faire d'Internet un espace de liberté placé hors du champ d'intervention des États était une dangereuse chimère, comme le montre son utilisation intensive par les djihadistes. Pour autant, le spectre de Big Brother, réactivé par la surveillance électronique planétaire mise en place par les États-Unis, doit être conjuré. D'où, chez les citoyens, un sentiment accru de perte de contrôle de leur identité et de leur destin.

Ce grand désarroi des classes moyennes explique le succès

des mouvements populistes. Il ouvre aussi la voie à un individualisme radical hostile à tout ordre public et au nihilisme qui délégitime les institutions et se retourne contre la dignité humaine[1].

Au même moment, les nouvelles classes moyennes du Sud sont promises à un bel avenir. Elles vont à la fois s'étendre et s'enrichir. Loin de voir leur statut ou leurs rentes de situation remis en question, elles sortent de la pauvreté. De Mumbai à Rio en passant par Lagos ou Nairobi, ce qui était retard hier se transforme en capacité à participer pleinement à l'invention du capitalisme universel.

Jamais sans ma bulle

En apparence, l'économie mondiale est sortie de la crise. La croissance mondiale se rééquilibre grâce à la reprise du monde développé et au renouveau de l'industrie face à la finance. Le moteur américain fonctionne à plein régime, alimenté par le plein-emploi, la baisse du coût de l'énergie et l'innovation. L'Europe s'extirpe lentement de la récession et le Japon de la déflation. Les marchés financiers sont repartis, portés par les politiques d'assouplissement quantitatif et par la faiblesse des taux d'intérêt. Malgré la montée en flèche des tensions géopolitiques, l'idée du risque a disparu, comme si les banques centrales avaient délivré à la finance une assurance illimitée.

Pourtant, les signaux d'alerte se multiplient, qui prouvent

1. Dominique Schnapper, *L'Esprit démocratique des lois*, Paris, Gallimard, « Essais », 2014.

que l'économie de bulle, loin d'avoir été purgée, a été relancée. Les marchés boursiers voient la volatilité remonter brutalement, quand ils ne craquent pas comme en Chine au cours de l'été 2015. Les opérations de fusions-acquisitions et les levées de fonds (plus de 100 milliards de dollars pour les start-up en 2015 !) ont retrouvé leur niveau d'avant 2008. Les dividendes et les rachats d'actions évincent l'investissement. L'excès des liquidités déversées par les banques centrales va de pair avec l'amoncellement des dettes et l'illiquidité des marchés.

Tous les leviers d'une nouvelle crise financière sont réarmés. Alors même qu'il n'existe plus de réponse possible de la politique économique compte tenu du surendettement des États, de la baisse historique des taux d'intérêt et de la surexposition du bilan des banques centrales. Alors même que les banques ne disposent d'aucune marge de manœuvre du fait des nouvelles régulations et qu'elles ne rempliront plus leur fonction de teneur de marché en cas de crise. Le carcan réglementaire et fiscal dans lequel ont été enfermées les banques ne provoque pas seulement l'effondrement de leur profitabilité mais un transfert massif des risques vers le système bancaire clandestin – dont les encours portent sur plus de 75 000 milliards de dollars –, les compagnies d'assurances et les gestionnaires d'actifs ou encore le crowdfunding – l'appel au public pour financer des projets précis – dont les levées de fonds ont doublé en un an.

La croissance mondiale ralentit du fait de la réorientation des pays émergents, notamment de la Chine, vers leur marché intérieur et leur volonté de conserver les bénéfices de leur développement en réduisant leur ouverture aux entreprises étrangères. La dette globale mondiale a augmenté de

57 000 milliards de dollars dont 25 000 milliards pour les dettes publiques, ce qui débouche sur la multiplication des situations de défaut d'États ou d'entreprises.

La résurgence des risques est cependant masquée par le flot des liquidités émises par les banques centrales. La Fed détient plus de 4 000 milliards d'actifs et ne s'est résolue qu'avec beaucoup de retard à relever ses taux d'intérêt. La Banque du Japon a doublé la masse monétaire de l'archipel en deux ans. La BCE s'est alignée depuis le début de 2015 en prévoyant d'acquérir 1 140 milliards d'euros de titres de dettes publiques et privées, puis en annonçant de nouvelles mesures d'assouplissement face au freinage de l'activité et à une inflation nulle dans la zone euro. Ces programmes portent au total sur 6,5 % du PIB mondial. Leur sortie est cependant subordonnée au retour d'une croissance stable et durable.

La tenue des Bourses dépend tout entière des taux d'intérêt négatifs qui sont intenables à terme. Tout repose donc sur le pari que les banques centrales soutiendront de manière permanente, illimitée et inconditionnelle les marchés.

La situation est caractéristique d'une veille de krach, dont le détonateur le plus probable sera le relèvement inéluctable des taux d'intérêt. Or il n'existe plus de réassurance. Voilà pourquoi il serait essentiel de le prévenir. En renforçant la croissance potentielle grâce aux réformes de structure. En harmonisant la régulation financière : assouplissement des dispositions encadrant les banques ; supervision stricte du secteur bancaire clandestin et des gestionnaires d'actifs ; interdiction du trading haute fréquence. En instaurant une coopération de la politique économique entre les grands pôles du capitalisme universel, coopération qui a existé en 2009 mais a été réduite à néant avec la sortie de la récession.

Flux contre stocks

Autre contradiction majeure, la régulation du système économique – y compris l'organisation de l'appareil statistique – est fondée depuis la fin de la Seconde Guerre mondiale sur les flux alors que les actifs et les stocks jouent un rôle de plus en plus décisif. Par ailleurs, la politique économique, à l'exception de la politique monétaire de la zone euro, est définie dans un cadre national alors que la mondialisation et l'économie numérique se jouent des frontières. Le capital change de nature en se faisant de plus en plus immatériel.

Face aux révolutions en chaîne qui redessinent le capitalisme, deux grands paradigmes de politique économique s'opposent.

Le premier, américain, accorde une priorité systématique aux flux, au détriment de la monnaie et des actifs dont il n'hésite pas à manipuler les valeurs. Il cherche à maximiser la croissance et l'emploi. Ainsi en 2008, face au risque de déflation, les États-Unis ont d'emblée opté pour les taux zéro, la création monétaire, la dévaluation du dollar en usant et abusant de leur privilège de monnaie de règlement et de réserve internationale. Les États-Unis ont été suivis par le monde anglo-saxon puis par le Japon, à compter de l'élection de Shinzo Abe à la fin de 2012 ; et enfin par la zone euro à partir de 2014 sous la houlette de Mario Monti. La plupart des pays émergents se sont ralliés à cette conception mais en recourant au levier du crédit bancaire et de la dette privée. Il en résulte un risque de crise des paiements et de dévissage de la monnaie en cas de déficit courant, d'inflation et d'endettement extérieur. D'où les difficultés du Brésil, de la Turquie, de l'Indonésie, de la Malaisie ou de l'Afrique du Sud.

La seconde conception, allemande, privilégie la stabilité, ce qui impose de garantir la valeur de la monnaie et des actifs. Elle tient tout entière dans la maxime de Jacques Rueff : « Exigez l'ordre financier ou acceptez l'esclavage. » Avec pour but ultime de sécuriser les classes moyennes, socle de la démocratie. Ce pilotage par la garantie des valeurs fondamentales récuse le recours à l'inflation et à la dévaluation. Il promeut à la fois l'application stricte de la règle de droit et les ajustements réels par le rétablissement de l'équilibre budgétaire et de la compétitivité via la baisse des coûts de production. Cette conception qui découle des principes de l'ordo-libéralisme a sous-tendu les institutions d'origine de la monnaie unique créées par le traité de Maastricht. Elle a inspiré l'Agenda 2010 lancé par Gerhard Schröder en 2002. Elle guide la gestion de la crise de l'euro et du défaut de la Grèce par Angela Merkel. Elle fonde également le modèle suisse, illustré récemment par la décision de la Banque nationale de laisser flotter le franc en janvier 2015 en acceptant sa forte réévaluation face à l'euro.

La Chine, qui a piloté l'hypercroissance de ses Trente Glorieuses à travers le crédit, sans ouvrir son compte de capital, tend aujourd'hui à se rapprocher des préceptes allemands. Dans l'ordre interne, les autorités chinoises restent hantées par le niveau de la croissance qui conditionne les quelque 10 millions de créations annuelles d'emplois requises pour assurer la paix sociale. De l'autre, le pays s'est engagé, par-delà ses mesures de dévaluation conjoncturelles, dans un pari monétaire de très long terme avec la volonté de s'émanciper de la domination du dollar. Le projet d'internationalisation du yuan est indissociable du basculement vers un marché ouvert et transparent des taux d'intérêt et des changes. Avec l'espoir que la bonne monnaie, à savoir le yuan, s'impose à terme contre la mauvaise, à savoir le dollar. Dans le même temps, une purge des bulles immobilières et financières est poursuivie, qui s'est traduite par la baisse de 15 % du prix des logements et par la chute brutale des Bourses de Shanghai et Shenzhen. La transformation du modèle chinois, largement dominé par l'industrie, intègre donc des éléments de la culture de stabilité allemande.

Que penser de ces stratégies ? À court terme, l'avantage en termes de croissance et d'emploi va aux États-Unis ; l'avantage en termes de balance courante et de désendettement public revient à l'Allemagne. Dans la zone euro, l'ajustement a fonctionné en Irlande, en Espagne et au Portugal, qui ont renoué avec la croissance après avoir restauré leur compétitivité au prix d'un chômage élevé. Il a échoué en Grèce en raison du retard dans les réformes puis de la stratégie suicidaire de Syriza qui a détruit l'économie et les banques du pays, avant qu'Alexis Tsipras n'effectue un brutal tête-à-queue en concluant un accord avec les créanciers et le FMI en juillet 2015 et en acceptant les réformes indispensables au sauvetage de son pays. La crise grecque a en tout cas rappelé que la monnaie unique ne peut survivre face à des conceptions opposées de l'économie : culture de la stabilité en Europe du Nord ; ajustement par l'inflation et la dévaluation en Europe du Sud.

Les néokeynésiens ont raison de souligner que l'économie ne peut être stabilisée que par les pouvoirs publics, notamment en situation de choc grave comme en 1929 ou en 2008. Mais les néoclassiques ont raison de marteler que cette intervention doit être mise au service du retour à la croissance, lequel impose des réformes structurelles et une offre compétitive dans un environnement concurrentiel. Tous doivent par ailleurs travailler à la coopération des politiques économiques pour faire face aux risques de l'économie mondialisée. Le choc de 2008 a mis en évidence des logiques de contagion entre les marchés et les zones géographiques qui étaient ignorées aussi bien des responsables politiques et des autorités de marché que des opérateurs et des économistes. Or ces interactions demeurent très mal connues et appréhendées par les politiques économiques, qui restent ancrées dans un cadre national.

La fin des compromis

Thucydide, décrivant la tragique expédition de Sicile qui entraîna la défaite d'Athènes face à Sparte dans la guerre du Péloponnèse, montre que la démagogie est le pire péril pour la démocratie. Les passions collectives peuvent à tout moment emporter la raison qui fonde le gouvernement des nations libres ; la quête du pouvoir par des leaders sans scrupule peut rapidement faire basculer les peuples dans la démesure et l'irresponsabilité. Les compromis sont envisageables entre des intérêts rivaux ; ils sont exclus lorsque les valeurs et les principes divergent et que les conflits identitaires se radicalisent.

C'est la raison pour laquelle les démocraties ne meurent pas des menaces extérieures mais de leurs divisions intérieures.

Les circonstances favorables aux démagogues sont multiples : les transformations historiques qui déstabilisent l'ordre mondial ; les guerres avec leur cortège de destructions matérielles, humaines et morales ; les grandes crises du capitalisme, notamment les chocs déflationnistes qui laminent les classes moyennes ; les phases de déclin des nations ou des continents qui remettent en cause le bien-être et l'identité des citoyens. Aujourd'hui comme dans les années trente, toutes ces conditions se trouvent réunies. La mondialisation fait basculer le capitalisme vers le Sud et le monde vers le Pacifique. Les attentats du 11 septembre 2001 ont ouvert un cycle de guerres de religion. Les séquelles du choc de 2008 s'étendront sur plus d'une décennie. Enfin, la disparition du monopole que l'Occident exerçait sur l'histoire du monde et la marginalisation de l'Europe provoquent une grande peur chez les citoyens des démocraties. Elle se fixe tour à tour sur la Chine, sur l'islam, sur l'immigration ou sur l'intégration européenne. À cet emballement des pulsions répond l'affaiblissement des institutions et du leadership politiques.

Aux États-Unis, la Constitution est fondée sur une stricte séparation des pouvoirs qui oblige à conclure d'incessants compromis. Or les institutions américaines sont largement paralysées par la pusillanimité de Barack Obama et par la vendetta des élus républicains. L'Europe est sous la pression des populismes. La haine de l'étranger est relayée par l'envol des migrations et tourne à la détestation de l'Union. En Allemagne, le parti anti-euro a été près d'entrer au Bundestag et le succès de Pegida est relancé par la crise des migrants. L'extrême droite prospère dans des pays aussi différents que la France, la Suède, le Danemark ou la Finlande. L'extrême gauche a conquis le pouvoir à Athènes et progresse vivement en Espagne.

Les démagogues se nourrissent de leurs mensonges et de leurs inconséquences. En Grèce, Alexis Tsipras survit après s'être renié, non sans avoir rejeté son pays dans la récession. En Argentine, une décennie du néopéronisme des Kirchner a détruit l'un des pays les plus riches d'Amérique latine, cumulant récession, inflation de 25 % par an, dévaluations en chaîne du peso, déficit budgétaire structurel de 6 % du PIB, fuite massive des capitaux, défaut financier, déliquescence des institutions et de l'État de droit avec une police et une justice notoirement corrompues. Le Venezuela constitue un autre cas d'école des ravages du populisme. Alors qu'il possède les premières réserves de pétrole du monde devant l'Arabie Saoudite (300 milliards de barils de pétrole contre 270 milliards), il est en cessation de paiement. L'inflation dépasse 120 %. Le bolivar s'est liquéfié. Le déficit budgétaire culmine à 20 % du PIB. La démocratie et l'État de droit sont réduits à des fictions par la permanence des lois d'exception qui confient tous les pouvoirs au Président, Nicolás Maduro, dont l'impéritie est proportionnelle aux compétences qu'il est censé assumer. Le stade suprême du chavisme, c'est la prison et la pauvreté pour tous. C'est peu dire que Mauricio Macri, Président libéral qui a succédé à Cristina Kirchner, aura fort à faire pour rétablir l'État de droit, relancer l'économie et rendre vie au pluralisme politique.

Au plan international, prévaut la même incapacité à nouer des compromis. Les négociations multilatérales enchaînent les échecs, la COP 21 restant une exception isolée. Les rares accords significatifs interviennent sur une base bilatérale ou bien sous forme de directoire, à l'exemple du traité sur le climat conclu entre la Chine et les États-Unis, du rétablissement des relations diplomatiques entre les États-Unis et Cuba ou de l'accord sur le nucléaire signé avec l'Iran.

La faiblesse du leadership politique joue naturellement un rôle. Contrairement à la génération des dirigeants visionnaires de 1945, celle de 1989 s'est révélée incapable de jeter les bases d'un ordre de l'après-guerre froide. À l'exclusion du G20 et d'une OMC au demeurant bloquée, la mondialisation ne dispose que de l'ONU – paralysée et impuissante – et des organisations nées à Bretton Woods – FMI et Banque mondiale. D'où la multiplication des institutions régionales ou spécialisées, depuis la monnaie unique européenne jusqu'à la Banque asiatique de financement des infrastructures promue par Pékin.

Le désordre mondial renvoie avant tout à des causes structurelles. L'existence d'une communauté internationale est un mythe. La configuration multipolaire fait disparaître la réassurance par une superpuissance. Les États ont perdu le monopole de la diplomatie et de la stratégie, qu'investissent les acteurs économiques mais aussi les organisations terroristes.

L'occasion d'établir un compromis fondateur de l'après-guerre froide a été gâchée dans la dernière décennie du XXe siècle. La dynamique de la radicalisation qui s'exerce au sein des nations comme dans l'espace mondial ne laisse place qu'à des accords sectoriels ou régionaux, à l'efficacité limitée. L'opinion mondiale prend corps mais ne se mobilise que par intermittence, lors de catastrophes naturelles ou humanitaires, et sans lien avec les instruments diplomatiques et stratégiques.

Démocratie et autocratie

L'ultime polarisation découle de la dissociation entre liberté économique et liberté politique. Depuis le XVIIIe siècle, l'économie de marché, le capitalisme et la démocratie ont pour l'essentiel cheminé de concert. Au XXe siècle, ils ont finalement vaincu les totalitarismes et les systèmes d'économie planifiée. En ce début de XXIe siècle, ils sont soumis à des forces divergentes, qui résultent de la fin du cycle historique de domination de l'Occident, du cycle intellectuel des Lumières, du cycle stratégique du leadership absolu des États-Unis. Ainsi se dessine une asymétrie. La démocratie reste impossible sans l'économie de marché. Mais la plasticité du capitalisme semble pouvoir se passer d'institutions démocratiques.

Les démocraties, les États-Unis en particulier, étaient créditées, jusqu'en 2008, d'une légitimité et d'un savoir-faire incomparables dans la régulation du capitalisme. Cette confiance a été réduite à néant par l'éclatement de l'économie de bulles des années 2000 et par la tétanie des institutions américaines. Les États-Unis se sont révélés impuissants à endiguer l'effondrement mondial du crédit. Seule la Fed s'est montrée à la hauteur de ses missions. Les banques centrales peuvent beaucoup, notamment gagner du temps et casser les enchaînements déflationnistes ou inflationnistes. Toutefois, elles ne sont pas omnipotentes et leur influence sur les modèles économiques et la compétitivité demeure très indirecte. Cela reste du ressort principal des autorités politiques. Or nombre de démocraties ont éprouvé les pires difficultés et largement tardé à se réformer, telle la France qui n'y est toujours pas parvenue.

L'Occident semble avoir perdu les recettes de son succès au moment même où elles sont appliquées par le monde émergent[1]. La concurrence cède devant la rente. L'investissement stagne. La science est de plus en plus tenue en suspicion. L'État de droit et la propriété privée sont battus en brèche par les interventions publiques, avec la prolifération des normes et d'une fiscalité qui ne parvient pourtant pas à combler les déficits ni les dettes publics. La civilisation des loisirs se substitue à l'éthique du travail dont Max Weber voyait l'origine dans l'esprit du protestantisme. Les Occidentaux, et particulièrement les Européens, s'installent dans l'oisiveté au moment où des peuples entiers entrent dans le capitalisme avec l'ambition de sortir de la pauvreté, d'accéder à la classe moyenne, de voir leurs nations jouer les premiers rôles.

Les dirigeants chinois ont décidé de tirer toutes les conséquences de la faillite et du doute existentiel dont l'Occident est l'objet en construisant un mode de gestion alternatif du capitalisme qui concilie insertion dans la mondialisation, pilotage étatique, encadrement de l'économie et de la société. L'objectif ne se limite pas à la reconversion du modèle économique vers la consommation intérieure et l'innovation, tout en internationalisant le yuan et en

1. Niall Ferguson, *Civilization, The West and the Rest*, New York, The Penguin Press, 2011.

multipliant les investissements à l'étranger. Il vise à concilier la dynamique entrepreneuriale du capitalisme et la prise en compte des intérêts collectifs et de l'horizon long.

Au-delà des Trente Glorieuses qui ont permis à la Chine de devenir la première économie mondiale en parité de pouvoir d'achat, nul ne sait si son capitalisme piloté saura échapper à la catégorie des pays à revenus intermédiaires et continuera à innover pour se porter sur la frontière technologique. Nul ne peut affirmer que la Chine saura s'ouvrir jusqu'à devenir attractive pour les talents et les cerveaux étrangers. Force est de constater néanmoins qu'elle a su éviter toutes les crises du dernier quart de siècle grâce à la portée stratégique, à la fermeté et à la réactivité de sa politique économique. À l'inverse, les États-Unis, et plus encore l'Europe et le Japon, se sont enfermés dans des approches de très court terme qui sont à l'origine du terrible choc de 2008.

Le second atout revendiqué par les régimes autocratiques est sécuritaire. Les limites intérieures fixées aux libertés et aux droits individuels sont censées avoir pour contrepartie la stabilité sociale et le respect de la souveraineté nationale, garantis par la solidité de l'État. Le chaos et le déchaînement de violence qui ont succédé au Printemps arabe confortent cette position dans nombre de régions du monde, de l'ex-Union soviétique à de vastes parts de l'Afrique ou de l'Asie du Sud-Est en passant par la Turquie. La limitation de la liberté est présentée comme le meilleur antidote à la guerre civile, ethnique et religieuse, et, partant, comme la condition première du progrès économique et social. Dans le même temps, les démocraties sont confrontées à un dilemme insoluble par le djihadisme dans sa double composante intérieure et extérieure : donner la priorité absolue à la sécurité au prix de la trahison des libertés qui sont leur raison d'être et de la stigmatisation de certaines minorités ; ou bien privilégier la stricte application de l'État de droit au risque de laisser le champ libre à leurs ennemis et de provoquer la révolte des citoyens face à la dégradation de leur sécurité.

Sous la divergence des stratégies et des institutions pointe la question clé des valeurs. Le fond du procès intenté aux démocraties occidentales réside dans le doute qui s'est installé, d'une part quant à la volonté de leurs citoyens d'assumer et de défendre la liberté, d'autre part quant au courage et à la capacité de leadership de leurs dirigeants. « Je vois, écrivait Alexis de Tocqueville dans *De la démocratie en Amérique*, une foule innombrable d'hommes semblables et égaux qui tournent sans repos sur eux-mêmes pour se procurer de petits et vulgaires plaisirs dont ils emplissent leur âme. Chacun d'eux, retiré à l'écart, est comme étranger à la destinée des autres : ses enfants et ses amis particuliers forment pour lui toute l'espèce humaine ; quant au demeurant de ses concitoyens, il est à côté d'eux, mais il ne les voit pas ; il les touche et il ne les sent point ; il n'existe qu'en lui-même et pour lui seul et, s'il lui reste une famille, on peut dire du moins qu'il n'a plus de patrie. » Avec une sensibilité très différente, Alexandre Soljenitsyne était parvenu à un jugement similaire qui, dans un discours prononcé en 1978 devant les étudiants d'Harvard, mettait en garde contre la « médiocrité spirituelle qui paralyse les élans les plus nobles de l'homme » et concluait : « Ce n'est que par un mouvement volontaire de modération de nos passions, sereine et acceptée par tous, que l'humanité peut s'élever au-dessus du courant de matérialisme qui emprisonne le monde. »

Deux maux opposés menacent d'emporter les démocraties : le premier résulte de l'individualisme et de la perte de tout sens du bien commun ; le second découle de la démagogie et du déferlement des passions collectives. Ces deux forces minent actuellement les nations libres. Les autocrates leur opposent la supériorité du projet qu'ils prétendent incarner sur les destins personnels. Au matérialisme à court terme des démocraties, ils répondent par l'exaltation des nations et des peuples, tandis que les fanatiques revendiquent la toute-puissance de la loi divine. Comme dans les années trente face à la montée des totalitarismes, la passivité et la division de l'Occident encouragent l'activisme des autocrates et des terroristes.

À l'apogée de son aventure impériale, Napoléon avait lancé : « Les circonstances ? Quelles circonstances ? Je suis les circonstances. » À ne pas agir pour tenter d'ordonner le monde, les démocraties courent le risque de laisser les autocrates écrire son histoire.

Les grandes transformations et les chocs du XXIe siècle ne signifient nullement la fin de la démocratie, des nations ou des frontières, du capitalisme ou du travail, contrairement à ce que prétend Jeremy Rifkin[1]. Ils les font muter : tel fut le cas avec l'invention de l'État moderne au XVIIe siècle afin de trouver une issue aux guerres de religion, avec l'affirmation des droits de l'homme et de la souveraineté

1. Jeremy Rifkin, *La Nouvelle Société du coût marginal zéro. L'Internet des objets, l'émergence des communaux collaboratifs et l'éclipse du capitalisme*, Paris, LLL, 2014.

nationale en 1789, avec la guerre d'anéantissement pratiquée par Napoléon, avec la première puis la deuxième révolution industrielle, avec le modèle de la production et de la consommation de masse, la régulation keynésienne et l'apparition de l'État-providence après 1945.

Les nouveaux risques planétaires peuvent être conjurés car il existe de puissants antidotes. On connaît les moteurs qui peuvent soutenir la croissance et l'emploi, au premier rang desquels l'amélioration du capital humain grâce à l'éducation. Les nouvelles technologies peuvent être mises au service de la transition écologique. L'extension des inégalités ou la contagion de la violence ne relèvent d'aucune fatalité. Les démocraties occidentales disposent de tous les atouts pour relever les défis des nouveaux champions du Sud ou pour éradiquer l'islamisme sans sacrifier la liberté et les droits fondamentaux. Mais il faut pour cela réinventer non seulement les modèles de croissance mais l'action politique.

Face à ces défis, quelques certitudes émergent. Il ne faut pas tenter de prolonger les idées du passé mais mobiliser des idées neuves. Il est impératif pour tous de s'adapter aux chocs et aux surprises. Il est essentiel de restaurer la légitimité, l'efficacité et les marges de manœuvre de l'action politique. Enfin, l'avenir de la démocratie est moins que jamais le monopole des États. Il dépend d'abord de la vitalité de la société et de l'engagement des citoyens pour défendre la raison critique, respecter l'État de droit, lutter pour la dignité de tous les hommes. La faiblesse et la force des démocraties sont internes ; leur unité est aussi puissante que leur désunion est dangereuse.

X

Diriger, c'est oser

> « Il n'y a pas de vent favorable pour celui qui ne sait pas où il va. »
>
> Sénèque

Les surprises constituent un défi pour les dirigeants : elles échappent par nature à toute prévision. Les risques ne peuvent être éliminés mais chacun peut et doit se préparer à les affronter. Gouverner n'est plus prévoir, comme l'affirmait Pierre Mendès France, mais anticiper et oser. L'histoire est une mécanique de choc et de vitesse où ne pas être prêt et rester immobile, c'est être défait.

La complexité, la volatilité et la rapidité des transformations du monde appellent des stratégies globales. Des stratégies qui intègrent les dimensions politiques, économiques, financières, technologiques et militaires. Des stratégies qui coordonnent l'État et les acteurs économiques et sociaux ainsi que les États entre eux. Le krach de 2008 comme la crise de l'euro ont mis en évidence l'incompréhension des événements extrêmes qui affectent le capitalisme. L'échec des récentes interventions, en Afghanistan, en Irak ou en Libye, découle de causes identiques : victoire militaire suivie d'une stabilisation manquée qui débouche sur une défaite politique, puis chaos qui laisse le champ libre aux groupes les plus violents, les talibans et l'État islamique. Face à l'histoire universelle, les lignes Maginot relèvent plus que jamais de la grande illusion.

La fragmentation et la polarisation du monde sont malheureusement confortées par l'évolution du système politique. Les démocraties se replient sur elles-mêmes sous la pression des populismes et du manque de leadership de leurs dirigeants. À l'inverse, les autocrates et les djihadistes entendent mettre le chaos et la violence au service de leurs intérêts de puissance ou de leur fanatisme. Déjà, dans l'entre-deux-guerres, la lutte contre la déflation passait par une reflation coordonnée entre les grandes puissances, mais leur incapacité à s'accorder déboucha sur la désintégration du commerce et des paiements mondiaux. La course à la guerre menée par Hitler aurait pu être interrompue en 1935 et 1936. Mais la pusillanimité des nations libres face au nazisme lui laissa le champ libre.

Comment gérer ces nouveaux risques sans État planétaire ? Comment intégrer les nouveaux géants du Sud à la gouvernance mondiale sans renoncer au principe de valeurs communes à l'humanité ? Comment faire face au vieillissement de la population et aux migrations ? Comment investir et innover dans des sociétés âgées ? Comment soutenir les entrepreneurs tout en limitant les inégalités ? Comment répondre à la crise écologique ? Comment prévenir une confrontation armée majeure entre les puissances établies et les puissances émergentes comparable à celle du début du XXe siècle ? Comment vaincre l'islamisme ? Comment préserver la liberté des démagogues et des fanatiques de tout type, qu'ils la haïssent ou qu'ils s'en réclament au nom d'une pseudo-suprématie de l'Occident ?

Il faut désormais combler d'urgence le grand écart qui s'est creusé entre les risques de la mondialisation et la faiblesse des réponses collectives qui leur sont apportées. La politique doit s'adapter, tout en trouvant une solution à la bureaucratisation et aux contraintes financières qui l'étranglent. Elle doit se redéployer à tous niveaux.

L'effort à accomplir est particulièrement important pour les démocraties qui ont perdu la rente que leur conférait le monopole du capitalisme. Dans l'affrontement chaotique des principes de gouvernement, la défaite des démocraties n'est pas plus fatale que le progrès de l'État de droit et de la dignité des hommes. Mais les nations libres affrontent une heure de vérité : conjurer les tentations de l'oisiveté, du repli et de la lassitude pour se réinventer, se réengager et s'unir au service des valeurs qui les fondent, tout en accordant la place qui leur revient aux puissances émergentes.

Où va le capitalisme ?

Le capitalisme et les nouvelles technologies redistribuent le pouvoir entre les individus, les entreprises et les États. Et ce mouvement touche toutes les fonctions du système économique : la production, la régulation et la redistribution.

Contrairement à l'après-Seconde Guerre mondiale, l'innovation au XXIe siècle n'est pas impulsée par le haut, via la sphère publique, mais par le bas, via les acteurs eux-mêmes. Les ruptures scientifiques ne sont plus le fait d'équipes fermées regroupées au sein de structures publiques, comme pour le nucléaire ou la conquête spatiale au XXe siècle, mais le fait du partage des connaissances. La mobilisation des talents et des cerveaux ne s'effectue plus au sein d'organisations hiérarchiques et tayloriennes mais en misant sur l'autonomie des collaborateurs et sur leur volonté de participer à l'invention du futur.

Les ressources, qu'il s'agisse de capital humain ou de financements, et les marchés sont d'emblée planétaires. On innove dans les métropoles qui mettent en réseau les entrepreneurs, les universités, les centres de recherche, le capital-risque, les infrastructures internet ; on optimise la production où l'on veut ; on vend partout dans le monde à des consommateurs dont l'information est démultipliée et qui s'organisent en communautés. Les clivages traditionnels entre industrie et services, secteurs marchand et non marchand volent en éclats. Les start-up investissent en force les activités de services publics – transport, énergie, santé, éducation, à l'image de la Khan Academy – et jusqu'aux missions régaliennes de la sécurité ou de la monnaie.

La régulation se trouve bouleversée. L'économie numérique, plus encore que la finance, échappe aux frontières et aux juridictions nationales. La maîtrise de l'innovation permet aux géants d'Internet de disposer de plusieurs technologies d'avance sur les autorités de contrôle. Ceci les autorise non seulement à mettre en échec les règles de la concurrence mais aussi les principes fondamentaux de certains secteurs d'activité, comme les normes comptables et prudentielles des banques ou l'interdiction de la sélection des risques pour les compagnies d'assurances.

La situation de certaines entreprises sur la frontière des technologies les met en position de contrôle absolu et aboutit à ce qu'elles restent seules maîtresses des limites qu'elles se fixent. Contrairement au nucléaire mais comme pour le génie génétique, la déontologie applicable aux nouvelles technologies reste largement entre leurs mains. Ainsi, les inventeurs de la voiture autonome, Google et Tesla en tête, explorent les dilemmes éthiques liés aux situations d'accident et bouleversent le cadre classique de la responsabilité et de l'assurance automobile, tandis que les constructeurs traditionnels – de GM à Nissan en passant par Ford, Toyota et Honda – testent leurs nouveaux modèles assistés dans une ville artificielle, M-City, construite près de Detroit, dans le Michigan. Les États ont besoin de s'assurer du concours des entreprises technologiques pour remplir certaines de leurs missions fondamentales, dont la protection du territoire et de la population. Ainsi le système de renseignement électronique mis en place par les États-Unis travaille-t-il en étroite collaboration avec les firmes de la Silicon Valley, ce qui contribue à expliquer la bienveillance des autorités de régulation américaines à leur égard. La Chine, pour sa part, conjugue un degré de liberté pour la recherche en amont avec un strict encadrement étatique du déploiement des applications numériques en aval.

Résultat ? Les États-providence sont profondément déstabilisés. Leurs engagements se révèlent financièrement intenables : ils représentent deux fois et demie le PIB du monde développé alors que leurs ressources se tarissent et que se profile le choc du vieillissement. Leur efficacité s'effondre puisque leur extension va de pair avec la montée des inégalités. Leur organisation fondée sur le salariat s'accorde de plus en plus mal avec les mutations du travail et la rapide augmentation des indépendants. Dès lors, le dysfonctionnement croissant des politiques publiques s'accompagne d'un réengagement des entreprises sur le terrain social.

Ainsi Mark Zuckerberg, le fondateur de Facebook, a décidé d'investir 200 milliards de dollars pour aménager, sur plus de quatre-vingts hectares, une nouvelle ville, Zeetown, dont la vocation est d'accueillir le siège de sa compagnie, de loger dix mille collaborateurs et de leur offrir des services supérieurs à ceux que procure San Francisco – des commerces aux loisirs en passant par l'éducation et la santé. Frank Gehry, l'architecte du musée Guggenheim de Bilbao et de la Fondation Louis Vuitton à Paris, supervise ce projet ambitieux qui se fondra dans l'environnement grâce aux nouvelles technologies et à l'énergie solaire. Apple et Google ne sont pas en reste et ont annoncé la construction de nouveaux sièges : en forme de vaisseau spatial pour l'un, et pour l'autre un complexe qui, dans le droit fil de la culture du Googleplex, intégrera courts de tennis, piscines, salles de jeux, universités et centres de santé.

Ces initiatives marquent une rupture fondamentale dans les politiques de solidarité. La responsabilité des entreprises les plus performantes vis-à-vis de leurs collaborateurs ne se limite plus à leurs conditions de travail et à leur rémunération mais devient globale. Elle s'élargit à des services qui relevaient auparavant du marché (logement, loisirs), ou de l'intervention publique (formation, santé). Cet élargissement du périmètre des entreprises technologiques répond à des besoins multiples : l'explosion des coûts du logement dans la Silicon Valley et à San Francisco ; le caractère chronique des embouteillages ; la flexibilité et la communautarisation des nouveaux modes d'organisation du travail ;

l'imbrication des activités de production, de formation et de recherche ; la montée en puissance de la culture d'entreprise et la volonté de retisser le lien social pour faire face à un individualisme destructeur. D'un côté, les entreprises cherchent à fixer le plus rare, le plus précieux et le plus volatil des facteurs de production, à savoir le travail hautement qualifié, dans un contexte de concurrence exacerbée pour s'attacher les talents. De l'autre, les collaborateurs se voient offrir un bouquet de garanties et de services qui va au-delà du contrat de travail et qui intègre en partie vie familiale en même temps que développement personnel.

Le néopaternalisme libéral du XXIe siècle présente des traits communs avec celui de la fin du XIXe siècle, dont l'apport à la croissance de la fin du XIXe siècle reste sous-estimé. Il entendait réagir au triple défi de la concurrence des États-Unis et des pays neufs, de la deuxième révolution industrielle et de la misère ouvrière. Les Schneider, les Wendel, les Michelin ou les Dumez en France, les Solvay en Belgique, les Krupp en Allemagne souhaitaient à la fois limiter les excès de la rotation du personnel, stabiliser le rapport salarial, améliorer la condition ouvrière et pacifier le climat social. Mais il existe des différences majeures. Les entrepreneurs de la Silicon Valley sont aux antipodes de la figure du patron de droit divin. La logique du contrôle des individus a disparu au profit de la promotion de leur autonomie. La volonté d'imposer d'en haut des valeurs morales axées sur le travail, la famille ou la religion cède la place à la création d'une culture partagée au sein d'une communauté qui s'approprie son destin.

Les firmes technologiques américaines ne résument pourtant pas le capitalisme mondial, mais en tant que laboratoire de l'économie et de la société numériques, elles dessinent l'avenir. Les guerres et les crises du XXe siècle ont provoqué le recentrage des entreprises sur la seule fonction de production, l'État prenant en charge, à travers les services publics ou la protection sociale, la plupart des fonctions collectives, tout en devenant le principal vecteur de la modernisation. Ce mouvement s'inverse. Les États, surdimensionnés et surendettés, se montrent incapables de gérer les séquelles des chocs du passé et a fortiori d'imaginer l'avenir. À l'inverse, les entreprises, plus agiles et adaptables, reprennent le leadership de l'innovation tout en étendant le champ de leurs responsabilités au domaine social et environnemental. Elles réinvestissent massivement certains secteurs vitaux pour leur avenir comme le logement, l'éducation ou la formation.

L'élargissement du champ d'action et des responsabilités des entreprises n'implique nullement la disparition des États ni leur éviction du champ de la solidarité. Car la montée en puissance du capitalisme entrepreneurial et partenarial génère de puissants effets de polarisation et des inégalités entre les nations, les entreprises et les individus. Mais il impose de nouvelles formes de coopération entre les secteurs public et privé, qu'il s'agisse d'incitation aux investissements de long terme, notamment dans le domaine des infrastructures, de la régulation de l'économie numérique qui ne peut être abandonnée aux entreprises du secteur, à la production des services non marchands publics. Cela s'applique en particulier à l'éducation, dont le rôle sera plus que jamais déterminant pour limiter les inégalités : or l'enseignement en ligne permet une large ouverture et une réduction drastique des coûts pour les formations d'excellence.

De même, dans le domaine de la solidarité, les nouvelles technologies permettent de cibler et de traiter plus efficacement et à moindres frais les fléaux sociaux.

Refondations

L'État moderne se présente comme un chef-d'œuvre en péril qu'il est urgent de restaurer. Il est apparu en Europe à la fin du XVIe siècle au croisement des réflexions de Machiavel sur l'autonomie du politique et de Jean Bodin sur la souveraineté d'une part, de la recherche d'une issue aux guerres de religion d'autre part. Les traités de Westphalie, en 1648, mirent fin à la guerre de Trente Ans en jetant les bases d'un ordre européen fondé sur la suprématie du politique à travers la reconnaissance du principe *cujus regio, ejus religio*. Les Lumières, au XVIIIe siècle, érigèrent l'État en pivot de l'autorité publique, garant de la paix civile à l'intérieur et de la défense de la souveraineté à l'extérieur. L'État-nation émergea de la Révolution et de l'Empire, associant un gouvernement, un territoire et une population. C'est dans son cadre que se déployèrent l'industrialisation, l'économie de marché et la société démocratique. Puis la guerre totale mit les ressources de la société industrielle au service des totalitarismes qui recherchèrent la mort des démocraties. Grâce à la supériorité stratégique et matérielle des États-Unis, elle s'acheva par la défaite militaire du nazisme et du fascisme en 1945 puis par la désintégration politique du soviétisme en 1989.

Soixante-dix ans après la chute d'Hitler, l'État menace moins les libertés par son caractère totalitaire que par son effondrement. Les idéologies de la race ou de la classe ont emporté dans leur chute l'État total. Dans le même temps, l'État est entré dans une crise multiforme qui menace tant la paix civile que la stabilité du monde. Les États se trouvent déstabilisés. Ils sont contournés par le haut, avec les mouvements migratoires, les marchés et les technologies, et par le bas, avec l'émancipation des citoyens, des entreprises, voire la sécession de régions ou de métropoles qui le supplantent. Au lieu de réduire les risques, ils sont devenus des démultiplicateurs d'incertitudes en raison de l'instabilité chronique des lois et de la fiscalité. L'État est exsangue, pris en tenailles entre le fardeau du passé et les défis de l'avenir. D'un côté, la sous-productivité, le chômage, les dettes et les engagements insoutenables des fonctions publiques et des systèmes de protection sociale. De l'autre, le choc des nouvelles technologies et le grand désarroi des classes moyennes. Enfin, l'État, qui s'était construit à partir du XVIe siècle autour de la relégation de la religion dans la sphère privée, se trouve bousculé par son retour en force au premier rang de l'histoire.

Comme toute forme politique, l'État est mortel. Il ne peut survivre que s'il s'adapte à la configuration de la mondialisation et s'il continue à faire l'objet d'un plébiscite quotidien des citoyens. Il ne fait pas de doute qu'il constitue un pivot voué à gérer les risques du XXIe siècle. Mais pour cela, il doit reconnaître que, pour être souverain, il ne dispose plus d'aucun monopole mais se trouve en situation de concurrence avec les autres États comme avec des opérateurs privés. Il doit être aussi ferme sur les valeurs qu'il incarne que souple dans ses modes d'organisation qui ont vocation à être réformés en permanence. Il doit retrouver la confiance des citoyens en les associant davantage aux décisions, en se montrant transparent et en luttant contre la corruption qui constitue une arme de destruction massive de l'autorité publique.

S'il veut répondre à l'accélération de l'histoire, il doit devenir plus agile, plus innovant, plus ouvert. Il doit accepter des sentiments d'appartenance multiples, au plan infra-étatique ou continental. Il doit se recentrer sur ses missions fondamentales de réassurance des risques et sur les ressources rares qu'il est seul à pouvoir mettre en œuvre. Il doit soutenir activement l'innovation et l'éducation qui constituent le meilleur antidote aux inégalités, tout en acceptant de se désengager de ses activités périphériques. Il doit être désendetté pour retrouver des marges de manœuvre et des capacités d'action, ce qui passe par une revue systématique et régulière de ses missions et de ses dépenses. Il doit articuler son action avec celle des autres États dans les domaines où sa légitimité reste incontestable : la régulation des marchés et la coopération entre les grandes banques centrales ; l'élaboration concertée de standards de sécurité et de normes éthiques pour l'économie numérique ; la protection de la vie privée et des droits individuels ; l'élaboration progressive d'un droit international des nouvelles technologies ; la production d'un ordre mondial qui permette d'endiguer la contamination du chaos et de la violence.

Le rôle décisif de l'État dans la stabilité du monde doit être pleinement reconnu, ce qui impose de tirer toutes les conséquences des échecs en chaîne des tentatives de changement de régime conduites en Irak ou en Libye, comme du bilan désastreux des pseudo-révolutions arabo-musulmanes.

La révolution de la liberté de 1989 a été un immense succès historique parce qu'elle a été adossée à des États qui furent le pivot de la sortie du communisme. Il n'existe aucune fatalité à ce que des peuples ou des continents soient tenus à l'écart du développement ou de la démocratie. L'un comme l'autre ne peuvent être durablement acclimatés sans un État fort et performant. Cela impose d'abandonner les stratégies de changement de régime, qui ont fait le lit des fanatiques, pour privilégier l'élimination progressive de zones grises échappant à tout contrôle étatique. Il ne s'agit en rien de renoncer au caractère universel de la liberté, mais de reconnaître qu'elle ne peut être exportée par la diplomatie ou par les interventions militaires. Elle va de pair avec le mouvement des sociétés, et il faut l'accompagner quand cela est possible, comme en Tunisie, en Iran ou à Cuba.

L'État a été au cœur des grandes guerres et des tragédies du XXe siècle par sa démesure. Il peut dévaster le XXIe siècle par sa décomposition. Fidèle à son étymologie (du latin *stare* : tenir debout), l'État moderne constitue la colonne vertébrale des nations en même temps que le ciment qui permet à des individus de partager un même destin. Il n'est pas une relique barbare mais un levier indispensable pour stabiliser un monde instable et violent. C'est sa disparition qui conduit à des situations de chaos et à la guerre de tous contre tous. Voilà pourquoi il est temps que les citoyens cessent de le tenir pour une épave qu'il est possible de piller à volonté et de réduire à un bien de mainmorte, il est temps qu'ils le considèrent comme un bien commun essentiel à la liberté et la sécurité.

La coopération contre le chaos

Toutes les grandes crises du capitalisme ont pour origine un double excès de création monétaire et d'endettement. Le crédit est l'un des modes de financement indispensables à l'investissement et à l'innovation ; il ne peut pas fonder la consommation ni devenir le socle de la croissance et du partage des revenus, sauf à générer des bulles spéculatives qui s'achèvent en krachs dévastateurs. La dette n'est pas seulement une machine à fabriquer les crises financières ; elle appauvrit les citoyens, notamment les plus pauvres, et détruit les institutions et la souveraineté des nations, comme le montrent la Grèce, l'Argentine ou l'Ukraine. Il est bien vrai que le désendettement généralisé et simultané des États, des banques et des acteurs économiques au lendemain d'un krach doit être proscrit car il transforme la récession en déflation. Pour autant, le maintien de l'endettement à des niveaux soutenables – c'est-à-dire compatibles avec le paiement de taux d'intérêt de marché et non pas artificiellement réduits à zéro par les banques centrales – est impératif. Voilà pourquoi, plus encore que pour les entreprises, le désendettement des États développés constitue la priorité absolue dès lors que la reprise est installée.

Les révolutions technologiques fonctionnent comme des tamis pour les nations, les entreprises et les individus. Leur acclimatation passe par des investissements massifs. Leurs effets de polarisation furent contrebalancés par la régulation keynésienne de l'économie et par les États-providence après la Seconde Guerre mondiale. Aujourd'hui, l'efficacité déclinante et le coût des politiques de solidarité nationale imposent de nouvelles lignes de partage entre la sphère publique, les mécanismes de marché – notamment par l'assurance et la réassurance –, et les individus dont la capacité d'analyse et d'action est fortement augmentée par la civilisation des données. Les entreprises sont amenées à se réengager sur le terrain social, notamment dans le domaine de l'éducation. La formation et la valorisation du capital humain détermineront largement la croissance comme la lutte contre les inégalités. L'éducation devra ainsi conjuguer trois objectifs : garantir à chacun le socle de connaissances nécessaires à la maîtrise de l'environnement numérique ; favoriser les pôles d'excellence vitaux pour la dynamique de l'innovation ; accompagner la formation tout au long de la vie. Ceci passe par le développement de l'enseignement en ligne qui ne pourra être assumé par les États et nécessitera une implication forte des pouvoirs publics locaux et du secteur privé.

La contrainte environnementale se resserre à tout niveau, sous la pression des États mais plus encore des citoyens et des consommateurs. Des catastrophes aussi diverses que celles de la centrale nucléaire de Fukushima ou de l'incendie toxique du port de Tianjin en passant par les explosions de l'usine AZF de Toulouse ou de la plate-forme Deepwater dans le golfe du Mexique ont accéléré l'indispensable prise de conscience. Là encore, la conversion des modèles, si elle peut être impulsée d'en haut, devra être réalisée essentiellement par le bas, à travers les changements dans le comportement des consommateurs et dans les stratégies d'entreprise. Les pouvoirs publics devront agir par la pédagogie et par l'incitation au moins autant que par la contrainte réglementaire et fiscale, sauf à se voir contournés par la mobilité des acteurs économiques et sociaux.

Loin d'être obsolètes, les nations ont donc un rôle majeur à jouer pour renforcer la résilience et la capacité d'adaptation des sociétés aux chocs du capitalisme et de l'histoire universels. Parallèlement, s'ouvre un vaste espace pour la coopération internationale tant au niveau régional que mondial.

La création d'institutions régionales est présentée à tort comme une source de fragilisation de la gouvernance mondiale. Or c'est tout le contraire. D'abord parce que l'intégration régionale peut jouer un rôle d'amortisseur des fluctuations. Ensuite parce que ces initiatives s'ajoutent aux institutions multilatérales sans se substituer à elles, à l'image de la monnaie unique ou de la Banque asiatique pour le financement des infrastructures qui n'impliquent nullement la disparition du FMI ou de la Banque mondiale. Enfin, elles favorisent le dialogue tant au niveau régional qu'entre les ensembles continentaux. Les négociations commerciales l'illustrent, elles qui voient simultanément l'échec d'un accord planétaire au sein de l'OMC et la multiplication des zones de libre-échange et des traités ou pactes bilatéraux, et qui permettent de structurer les échanges en évitant tout recours au protectionnisme. Les démocraties occidentales, notamment les États-Unis, doivent réexaminer leur opposition de principe à la création d'institutions régionales au nom de la préservation de leur position en sein du FMI et de la Banque mondiale pour s'en servir au contraire comme des cadres pour entretenir un dialogue stratégique.

Au niveau mondial, une coopération utile peut donc se nouer en vue de réguler le capitalisme, même si ses formes et son environnement demeureront très hétérogènes. La crise de 2008 a permis de faire émerger la conscience que la mondialisation n'était pas l'apanage du Nord ou du Sud mais un bien commun qui justifiait la mobilisation de tous pour assurer sa sauvegarde. Ceci justifie d'institutionnaliser le G20 et de le réorienter vers les fonctions opérationnelles qui firent son succès en 2008 en évitant sa corruption en une instance de pure représentation et gesticulation comme le G7. Pour cela, son agenda doit être recentré sur la prévention des risques planétaires. Par ailleurs, la puissance de l'instrument monétaire dont les dérives sont aux sources des dysfonctionnements fondamentaux – déflation, inflation, guerre des monnaies, bulles spéculatives – commande de renforcer la coopération et les accords entre les banques centrales.

La stabilisation du monde appelle de même des choix clairs. Les trois principales sources de menace résident dans l'islamisme, dans la volonté hégémonique de certaines puissances émergentes ou régionales comme la Chine, la Russie, l'Iran ou la Turquie, enfin dans l'effondrement ou la fragmentation des États. Dès lors s'imposent quelques principes simples : éviter la confrontation directe pour privilégier le cantonnement et l'endiguement de la violence; intégrer les puissances émergentes ou régionales qui ont tout à gagner à la stabilisation de la mondialisation; favoriser la mise en place de systèmes de sécurité régionaux, notamment en Asie, afin d'éviter une montée aux extrêmes à la suite d'incidents périphériques comme ce fut le cas à l'été 1914; jouer le temps long de la transformation des sociétés en face du monde musulman comme en face des autocrates, selon la logique des accords d'Helsinki du 1er août 1975 qui, joints à la supériorité technologique et stratégique de l'Occident, aboutirent à la désintégration du soviétisme.

La divergence des valeurs n'interdit donc pas de rechercher des accords entre les grandes puissances sur des thèmes d'intérêt commun tels que la lutte contre le djihadisme où les États-Unis, la Chine, l'Europe, la Russie, la Turquie et l'Iran ont commencé à se rapprocher. De même, la protection de l'environnement s'affirme chaque jour davantage comme une priorité partagée : l'accord signé à Pékin par la Chine et les États-Unis à l'automne 2014 : au-delà des négociations sur le climat, la protection des océans et des pôles, vitale pour la préservation de la planète, devrait être relancée. Par ailleurs, les nouvelles technologies justifient d'ouvrir de nouveaux champs de discussion sur les normes de sécurité du réseau internet, sur un système de contrôle aérien et spatial des drones et des satellites, ou encore sur les restrictions à l'utilisation des robots aériens de combat qui permettront, de manière autonome, la recherche, l'identification, la frappe et la vérification de l'élimination de cibles, notamment dans des milieux urbains complexes. Dans nombre de ces domaines, l'humanité se trouve confrontée au même dilemme que celui qu'a ouvert l'énergie nucléaire : attendre et imaginer une doctrine après que les conséquences apocalyptiques de leur utilisation auront été mesurées ; ou bien chercher à encadrer ces technologies pour bénéficier de leur potentiel tout en prévenant les risques catastrophiques qu'elles recèlent.

Entre intégration et éclatement

Un siècle après le déclenchement de la Grande Guerre qui provoqua son suicide en la ruinant humainement, matériellement et moralement, l'Europe n'est plus menacée par le déchaînement des nationalismes et les rivalités pour le leadership mondial, mais par l'impuissance et par la tentation de sortir de l'histoire. Un quart de siècle après l'effondrement de l'Union soviétique, elle ne se trouve plus confrontée au péril mortel des totalitarismes.

Depuis la Seconde Guerre mondiale, l'intégration de l'Europe a permis de constituer le premier marché du monde, de créer une monnaie unique, de résister à l'Union soviétique, de restaurer son unité et sa souveraineté. Cette dynamique menace pourtant de s'inverser : les débats sur l'éventuelle sortie du Royaume-Uni de l'Union ou de la fin des accords de Schengen en témoignent.

Cette construction unique a été placée depuis l'origine sous le signe de la prospérité, de l'ouverture, de la démocratie et de la paix. Or ces quatre piliers sont ébranlés. La prospérité est sapée par le ralentissement de la croissance, le chômage et le surendettement des États. L'ouverture est remise en question par la reconstitution des frontières, le repli des sociétés, la peur devant l'afflux des réfugiés. La démocratie est prise en otage par la poussée des extrémismes et par les mouvements sécessionnistes, de l'Écosse à la Catalogne en passant par les Flandres et l'Italie du Nord. La paix, enfin, repose sur l'illusion du désarmement unilatéral des démocraties. Or l'intensité des menaces intérieures et extérieures ne cesse de se renforcer. L'Europe est une cible privilégiée pour les djihadistes. Elle se trouve à proximité immédiate de l'arc de crise qui court de l'Afrique occidentale au Moyen-Orient, où la propagation de la violence et du chaos provoque une envolée des mouvements migratoires. Enfin, le système de sécurité européen de l'après-guerre froide a été mis à bas par la Nouvelle Russie de Vladimir Poutine, tandis que l'inquiétude croît face à la dérive autocratique et religieuse de la Turquie néo-ottomane de Recep Erdogan.

En dépit de l'amélioration récente de sa situation économique, l'Europe demeure le continent malade de la mondialisation. Du fait du blocage de ses institutions et du manque de leadership, elle peine à s'imposer comme un acteur à part entière du système multipolaire. Pire, de vecteur de paix et de prospérité, elle est devenue le principal fourrier du populisme.

Car contrairement aux États-Unis, l'Europe est loin d'avoir surmonté les chocs des années 2000. La reprise demeure fragile et hétérogène, à la merci de la remontée des taux d'intérêt. Le chômage permanent touche 10,8 % de la population active et plus de la moitié des jeunes en Europe du Sud. La fragmentation financière de la zone euro n'est qu'artificiellement masquée depuis 2014 par la politique monétaire de taux zéro et d'assouplissement quantitatif de la BCE. Les dettes publiques peinent à se stabiliser. Le système bancaire n'a pas été profondément restructuré. Dans la zone euro, la révolte des peuples d'Europe du Sud contre l'austérité fait écho à la lassitude des nations d'Europe du Nord appelées à la solidarité, provoquant une poussée nationaliste et xénophobe qui s'est embrasée à l'occasion du sauvetage in extremis de la Grèce puis de la crise des migrants.

À long terme, l'impasse du modèle européen a été résumée par Angela Merkel : « L'Europe représente 7 % de la population mondiale, 20 % de la production et 50 % des dépenses sociales. » De fait, les problèmes sont avant tout structurels. Au plan démographique, la grande Europe perdra 50 millions d'habitants d'ici à 2100 et l'âge médian passera de quarante et un à quarante-huit ans en 2060, tandis que la pression migratoire provenant d'Afrique et du Moyen-Orient se fera de plus en plus forte. Depuis 2000, l'Europe a été marginalisée technologiquement par les États-Unis et la Chine, notamment dans l'économie numérique. La croissance potentielle diminue et ne peut être redressée que par un formidable effort d'investissement et d'innovation dans des pays à population vieillissante et dont les coûts de production sont élevés. Les États-providence, dont les engagements au titre de la retraite et de la santé s'élèvent à 450 % du PIB, ne sont plus viables. La déstabilisation des classes moyennes fait les beaux jours des populismes, qu'ils se réclament de l'extrême droite en jouant avec le ressort de la xénophobie ou de l'extrême gauche en jouant avec celui du refus des réformes, tous communiant par ailleurs dans la détestation de l'Europe. Enfin, l'Europe est politiquement et stratégiquement engagée dans une spirale du vide. Sans projet, sans vision.

On a dit longtemps que l'Union ne progressait que par la crise. Aujourd'hui, elle est menacée d'imploser du fait du cumul des crises. Et ce au moment où les autres grands pôles de la mondialisation cherchent à s'inspirer de ses réussites et à les imiter, qu'il s'agisse de la création de grands marchés, d'institutions financières ou d'instances de régulation communes.

De fait, seule une intégration renforcée peut permettre à l'Europe de relever les défis qui se présentent à elle et de peser dans les négociations planétaires avec les grands blocs. En effet, l'Allemagne sera le dernier pays européen à figurer parmi les dix premières puissances mondiales en 2030.

Mais l'Europe se trouve paralysée moins par la pression des marchés que par les divergences de ses opinions publiques et de ses gouvernements.

Pour autant, il est prématuré de désespérer de l'Europe et de conclure à sa disparition programmée. Elle peut renaître de ses cendres si les nations qui l'ont édifiée la refondent en même temps qu'elles se modernisent.

Elle conserve nombre d'atouts majeurs : un capital humain impressionnant ; une épargne abondante ; des pôles d'excellence et des services publics performants ; un grand marché de 500 millions de consommateurs aux revenus parmi les plus élevés au monde ; un État de droit respecté ; des capacités militaires et diplomatiques. La zone euro a réalisé de spectaculaires progrès dans son ajustement depuis 2009, sortant de la récession, recréant des emplois depuis 2013, et affichant un excédent de sa balance courante sur fond de déficit public ramené à 2,9 % du PIB et de stabilisation de la dette à un niveau élevé (92 % du PIB) mais nettement inférieur à celui des États-Unis ou du Japon. L'Irlande, l'Espagne et le Portugal ont résorbé leurs déséquilibres, ce qui leur permet de se refinancer sur les marchés et de s'affranchir de l'aide internationale. L'Allemagne, de son côté, coopère non seulement par sa contribution au mécanisme de solidarité financière mais en conduisant une politique de reflation, notamment à travers l'instauration d'un salaire minimum de 8,50 euros l'heure et l'augmentation des rémunérations de plus de 3 % par an. Les Européens, au Sud comme au Nord, ont ainsi accepté des sacrifices considérables pour assurer la pérennité de la monnaie unique.

Ce ne sont donc pas tant les moyens mais bien la volonté

qui manque à notre continent pour répondre aux défis de l'avenir.

Le premier, économique et monétaire, concerne en priorité la zone euro. La crise grecque a souligné une nouvelle fois la nécessité de renforcer ses institutions et de coordonner plus étroitement les politiques économiques nationales. Priorité doit être donnée aux réformes structurelles, tout particulièrement en France dont le déclin représente aujourd'hui un risque systémique pour la monnaie unique. Parallèlement s'impose la relance du grand marché, en particulier dans le secteur clé des services.

Le deuxième défi est social. Le niveau du chômage, notamment chez les jeunes, constitue une menace pour le développement économique comme pour la démocratie. Il est impératif de lancer un vaste programme européen de formation, d'intégration et de mobilité pour les jeunes. Par ailleurs, la cohésion sociale – pendant de l'intégration économique – justifie une convergence fiscale et sociale qui préserve des marges de fluctuation nationales (en matière de taux d'impôts sur les sociétés, de durée du travail, de salaire minimum ou d'âge légal de la retraite qui doit s'établir entre soixante-cinq et soixante-dix ans...).

Le troisième défi touche la révision de l'architecture institutionnelle de l'Union pour stabiliser définitivement la zone euro. Les institutions de la zone euro ont été largement renforcées par l'instauration d'un gouvernement économique, la transformation de la BCE en prêteur de dernier ressort, la création du mécanisme de solidarité et la formation d'une union bancaire. Mais la plupart de ces innovations ont été imposées sous la pression de la crise et se trouvent en apesanteur par rapport aux traités. Par ailleurs, il faut renforcer le principe de subsidiarité, qui reste le meilleur des antidotes à la bureaucratie et à l'exubérance irrationnelle de la réglementation.

Le quatrième défi est stratégique. L'Europe est un continent dépendant, soumis à la pression commerciale des pays émergents, à la domination technologique et financière des États-Unis, au renouveau des ambitions impériales de la Russie et de la Turquie, au chantage énergétique de Moscou qui assure le tiers de l'approvisionnement gazier, aux menaces terroristes enfin et surtout. Il n'existe pas de liberté sans souveraineté et sans sécurité. Les citoyens de l'Europe la plébiscitent dans le domaine de la défense et de la sécurité où elle demeure inexistante. L'Europe doit donc repenser sa stratégie énergétique et investir dans sa sécurité. La protection de ses frontières, de son territoire et de sa population, la préservation de ses infrastructures essentielles, la stabilisation de sa périphérie, notamment en Méditerranée, sont des objectifs clairs.

Une relance de la construction européenne ne peut se fonder que sur une dynamique politique qui mobilise ses citoyens. Le couple franco-allemand, ressoudé autour du projet commun de l'intégration qui représente le grand principe historique que l'Europe peut apporter au XXIe siècle, en serait le moteur, pendant que le rétablissement de la stabilité et de la sécurité en serait le socle. Ce projet suppose la rationalisation des institutions communautaires (un seul président pour la Commission et le Conseil) et le renforcement des contrôles parlementaires au plan de l'Union comme des nations. L'Europe ne peut être ni une fédération, ni une confédération, ni une simple juxtaposition d'États. Elle restera un objet politique sans équivalent avec des cercles successifs – grand marché, zone euro, union politique – articulés aux nations qui la composent. Elle constitue la meilleure des réponses aux risques planétaires. À la condition d'être redessinée pour devenir plus réactive et conjurer la tentation d'éclatement portée par le référendum britannique sur la sortie de l'Union. Loin d'être antinomiques, réforme de l'Union et réforme des nations qui la composent sont indissociables.

En 1935, à Vienne, devant la montée du nazisme, Husserl concluait en ces termes sa réflexion sur la situation de l'Europe des années trente : « La crise de l'humanité européenne n'a que deux issues : soit la décadence de l'Europe devenue étrangère à son propre sens vital et rationnel, la chute dans l'hostilité à l'esprit et dans la barbarie ; soit la renaissance de l'Europe grâce à un héroïsme de la raison. Le plus grand danger pour l'Europe, c'est la lassitude. » Cessons d'être las de l'Europe, construisons-la. Opposons aux démagogues et aux fanatiques l'héroïsme de la raison.

Il est plus efficace d'inventer le futur que de chercher à le prédire

Les révolutions qui s'entrecroisent pour redessiner le système géopolitique, le capitalisme, le lien social et la citoyenneté n'invitent ni au pessimisme ni à la résignation. Il n'existe pas de loi d'airain du capitalisme universel ou de déterminisme par les technologies. Notre siècle n'a aucune raison de se décliner sous la forme d'une mort annoncée de la démocratie ou de se résumer à une longue lutte entre les

États-Unis et la Chine. Ce sont les hommes, et non pas les robots, qui décideront de son destin.

Frein et déni ne changent rien : la planification ou le contrôle relèvent de la grande illusion. La seule manière de prévenir les risques consiste, pour les individus, les entreprises, les nations ou les continents, à participer résolument à l'avènement des temps nouveaux.

Dès lors émergent sept principes cardinaux pour se préparer à d'immenses transformations en chaîne.

L'*anticipation*, qui est un exercice d'hygiène intellectuelle pour se maintenir en alerte, accumuler les connaissances, imaginer des voies d'évolution en fonction de scénarios alternatifs.

La *résilience*, qui assure, le cas échéant en mode dégradé, la continuité de l'activité d'une firme, d'une institution ou d'un État en toutes circonstances.

L'*adaptation* qui passe par la compréhension de l'environnement, la capacité à se remettre en question et à se réformer.

L'*agilité*, qui implique un travail permanent pour être réactif, disposer de marges de manœuvre, ne pas rester prisonnier des concepts, des modes d'organisation, des structures et des charges du passé.

L'*innovation*, qui exige de donner la priorité à la créativité, donc au capital humain, et à la prise de risque sur la protection de rentes de situation vouées à disparaître.

La *vision stratégique*, qui requiert de penser à l'échelle de la planète et de regarder vers l'avenir au lieu d'avoir les yeux tournés vers le passé.

La *coopération* et l'ouverture aux autres dans une économie de connaissances fondée sur le partage et une société ouverte que nul État, institution ou entreprise ne peut prétendre gouverner ou dominer seul.

Telles sont les conditions requises pour agir sur les événements au lieu de les subir.

Telles sont les conditions exigées pour affronter et survivre à l'impensable.

CONCLUSION

Espoirs et risques du XXIe siècle

> « Ayons donc de l'avenir cette crainte salutaire qui fait veiller et combattre, et non cette sorte de terreur molle et oisive qui abat les cœurs et les énerve. »
>
> Alexis de Tocqueville

Le XXIe siècle est lancé à toute allure. Et nul ne peut s'extraire ou se préserver des révolutions en chaîne qui l'emportent. La terre va accueillir plus d'hommes qu'elle n'en a compté depuis la naissance de l'humanité. Le capitalisme gagne tous les continents. Après avoir dominé la nature jusqu'à la mettre en péril et lui avec elle, l'homme se trouve en situation de maîtriser et de manipuler sa propre nature, grâce à la convergence du génie génétique et des technologies de l'information. L'intelligence artificielle ouvre des perspectives de progrès sans précédent dans tous les champs du savoir et de l'action.

Les conséquences de ces immenses bouleversements restent ouvertes. Ils peuvent tout autant marquer des progrès sans précédent que produire des tragédies aussi dévastatrices que celles du XXe siècle. Ils sont également porteurs d'espoirs que de risques. La mondialisation et l'éducation peuvent favoriser l'accession à la classe moyenne de milliards d'hommes qui peinent aujourd'hui à survivre ou bien déboucher sur des crises pires que la grande déflation des années trente. Les technologies peuvent augmenter les capacités de l'homme ou le réduire en esclavage, si une intelligence artificielle hostile venait à voir le jour. Le capitalisme peut servir la liberté politique ou le despotisme. L'histoire universelle peut inciter à la paix entre des hommes et des nations qui n'ont jamais eu autant de motifs pour coopérer ou bien engendrer des conflits qui verraient l'utilisation d'armes de destruction plus redoutables encore que les têtes nucléaires.

L'ampleur et la vitesse des transformations du monde, la complexité de leurs interactions et les incertitudes qu'elles génèrent expliquent la difficulté à agir. L'impuissance menace. Ce ne sont pas les intérêts et l'économie, mais bien les idées et les passions qui sont le moteur de l'histoire. Or la tentation est permanente d'enfermer la nouveauté de l'histoire universelle dans les systèmes et les doctrines du passé. Ceci donne l'assurance de se tromper en réactivant les schémas du monde bipolaire et des idéologies de la guerre froide, en substituant la Russie à l'Union soviétique, l'État islamique à l'Allemagne hitlérienne, la figure messianique du musulman ou du migrant à celle du prolétaire.

Soljenitsyne, dès 1993, déclarait de manière prémonitoire dans les colonnes du *New York Times* : « Si la leçon globale du XXe siècle ne sert pas de vaccin, l'immense ouragan pourrait bien se renouveler dans sa totalité. » L'euphorie devant l'avènement autoproclamé de la démocratie de marché a ouvert la voie à de nouveaux drames. La distribution inconsidérée des dividendes de la fin de la guerre froide a éclipsé les enseignements du dernier siècle. Oubliée la folie des bulles spéculatives des années vingt débouchant sur l'effondrement du crédit et la déflation des années trente. Oubliée la capacité de groupes d'hommes, voire d'individus, à ériger la violence en loi suprême, à déchaîner la furie des masses et à embraser le monde. Oubliée la fragilité des démocraties face à la démagogie et aux menaces extérieures. Oubliées les passions nationalistes et les idéologies qui ravagèrent l'Europe. Oublié aussi le formidable travail de modernisation économique et de refondation politique qui fournit le socle des Trente Glorieuses. Oubliée toujours l'alliance des démocraties et la stratégie conjuguant cantonnement et dialogue qui permit de vaincre l'Union soviétique tout en évitant un affrontement apocalyptique.

Il est bien vrai que le capitalisme universel ne peut être régulé avec les principes des politiques économiques nationales, qu'elles se réclament du monétarisme ou du keynésianisme qui ont été invalidés par la mondialisation et le choc de 2008. Le monde multipolaire ne sera pas stabilisé avec les recettes de la guerre froide, comme l'a montré le bilan accablant de la guerre à l'« axe du mal » déclenchée par George W. Bush. L'État islamique ne sera pas vaincu avec les modes d'action qui provoquèrent la chute du soviétisme.

Il est certain que notre monde basculera dans le chaos et la violence si une puissante mobilisation n'intervient pas pour réduire les tensions. Tout le monde est désormais à la portée de tout le monde. Pour le meilleur lorsqu'il s'agit de faire progresser les connaissances et les échanges. Ou pour le pire lorsqu'il s'agit de mettre les formidables ressources de la société postindustrielle au service d'une violence hyperbolique ou les réseaux sociaux au service de la terreur.

Nous avons payé pour savoir qu'il n'existe ni Providence ni main invisible. Il dépend des hommes du XXIe siècle de faire de la Terre un havre ou un enfer. Nulle fatalité aux crises du capitalisme mondialisé, à la naissance d'un Big Brother technologique, au conflit frontal entre les États-Unis et la Chine, au suicide de l'Europe, à la victoire de l'État islamique. Le dernier mot n'a aucun motif de revenir aux autocrates, aux fanatiques et aux assassins. D'autant que la fascination qu'ils exercent est entièrement négative. Les démagogues ruinent les nations qui succombent à leur séduction, comme le montrent la Grèce, l'Argentine ou le Venezuela. La théocratie ou l'islamisme ne présentent pas d'alternative crédible, comme le prouvent la révolte des Iraniens contre le régime des mollahs, la contre-révolution égyptienne, l'aporie de la terreur exercée par les talibans ou l'État islamique. L'impérialisme se retourne inévitablement contre les nations et les peuples qui cèdent à sa démesure, des États-Unis de George W. Bush à la Russie de Vladimir Poutine.

L'autocratie ou la théocratie ne sont pas davantage des solutions aujourd'hui que le communisme ou le nazisme ne le furent hier. Encore convient-il de ne pas leur laisser le champ libre. Car il n'existe pas de loi de l'histoire qui garantisse le triomphe de la liberté.

« Le meilleur des mondes n'est que le moins mauvais », rappelle Vladimir Jankélévitch dans *Le Pardon*. L'heure n'est certainement pas à l'invention de nouvelles utopies laissant miroiter d'improbables grands soirs et des lendemains qui chantent. L'heure n'est pas au rêve. L'heure est à la mobilisation et au travail patient pour anticiper les risques et consolider les formes de coopération entre les hommes, les entreprises, les sociétés et les États. Il faut beaucoup plus de temps pour construire un citoyen que pour endoctriner une brute. Il est autrement plus difficile d'éduquer un homme que de l'égorger. Il est plus complexe d'élaborer et de faire vivre un État de droit que de mettre un despote au pouvoir. Il est plus exigeant de réformer une démocratie que de multiplier les tournants dans un régime autoritaire. Il est plus ardu de faire fonctionner une union d'États-nations souverains que d'appliquer des rapports de force.

La solution idéale qui consisterait à adosser le capitalisme et l'histoire universels à un gouvernement mondial demeure hors de portée à l'horizon du siècle. Reste donc à imaginer la politique souhaitable et possible. Elle se décline à trois niveaux. Au niveau international, en contenant, par des accords entre les grandes puissances au sein de l'ONU, du G20, ou sur une base bilatérale, les forces centrifuges qui pourraient faire imploser le monde. Mais aussi au niveau continental, en œuvrant au progrès de l'intégration des grands pôles régionaux et, au niveau des nations, à l'amélioration de leur résilience et de leurs capacités d'adaptation.

Les démocraties ont perdu le monopole de la conduite de l'histoire et de la régulation du capitalisme. Le monde n'est plus centré sur l'Europe comme au début du XXe siècle ou sur les États-Unis comme dans sa seconde moitié. La démonstration est faite que la modernité, la science, l'État de droit ou le marché ne sont le privilège ni d'un continent, ni d'une race, ni d'une civilisation, mais le produit de principes et de modes d'organisation qui peuvent être acclimatés par tous avec succès. Cette évidence, déjà démontrée par le Japon avec la révolution Meiji de 1868, s'impose à tous.

Pourtant, les démocraties conservent un monopole aussi

décisif que sous-estimé, celui de la liberté politique. C'est bien la liberté qui explique que des oligarques russes en passant par les migrants, des milliardaires chinois en passant par les monarchies du Golfe, les démocraties continuent à attirer les entrepreneurs et les cerveaux, les meilleurs des étudiants, les capitaux, les centres de décision. La Chine fascine mais ne séduit pas. Les autocraties et les théocraties sont autant de repoussoirs. Les zones de chaos et de violence tombées entre les mains des fanatiques se vident. À l'inverse, les pays qui comptent le plus fort potentiel sont ceux qui conjuguent l'espace, les ressources naturelles avec l'économie de marché, l'État de droit et l'ouverture au monde, à l'image des États-Unis, du Canada, de l'Australie ou de la Nouvelle-Zélande.

Pas plus que le capitalisme, la liberté politique n'est l'apanage d'une nation ou d'une civilisation. À partir du XIIIe siècle, l'Europe, très en retard économiquement et technologiquement sur la Chine et le monde arabe, s'engagea dans l'invention du capitalisme et de la démocratie grâce à la redécouverte de l'héritage intellectuel de l'Antiquité, de la construction d'États concurrents, de l'unité de plus en plus disputée de l'Église d'Occident. Aujourd'hui, de même, nombre des principes qui ont fait le succès de l'Europe puis des États-Unis sont repris à leur compte avec succès par d'autres civilisations.

La protection des droits et de l'autonomie des personnes, le pluralisme des opinions et des partis, le respect des institutions et de l'État de droit possèdent une dimension universelle. L'Occident demeure la clé de voûte du lien fondateur entre liberté économique et liberté politique. Mais ces principes peuvent aussi prendre des formes très variées selon les nations et les cultures.

La liberté politique est indissociable des contradictions qui la traversent et qui peuvent à tout moment l'emporter. Contradiction entre l'individualisme et la volonté de vivre ensemble. Contradiction entre la concurrence et la lutte contre les inégalités. Contradiction entre la stabilité et l'impératif du changement. Contradiction entre la mobilisation des citoyens et le refus des utopies qui détruisent l'homme au prétexte de le rénover. Contradiction entre la nécessaire contestation et le respect de la règle de droit. Contradiction entre l'exercice de la raison critique et la foi dans la liberté. Contradiction entre le principe de modération et la nécessité de défendre la liberté contre ses ennemis jusqu'à mourir pour elle.

Le seul programme crédible pour l'humanité à l'horizon du XXIe siècle reste bien placé sous le signe de la liberté. Or les plus grands risques qui planent sur elle sont internes à l'Occident, liés au suicide démographique, au repli, à la lassitude et à la perte de confiance dans les valeurs démocratiques. Ce n'est pas parce que les démocraties ne peuvent pas seules décider du cours du XXIe siècle qu'elles doivent s'en désintéresser. Ce n'est pas parce qu'elles sont contestées dans leur capacité à gérer le capitalisme qu'elles doivent renoncer à innover. Bien au contraire.

À la veille de la Seconde Guerre mondiale, Élie Halévy, qui le premier élabora la comparaison entre les totalitarismes du XXe siècle, réfléchissait en ces termes aux moyens de répondre aux menaces qui s'accumulaient : « La responsabilité des maux qui tourmentent l'humanité doit être transférée des hommes d'État au commun peuple, c'est-à-dire à nous-mêmes. La sagesse ou la folie de nos hommes d'État est purement et simplement le reflet de notre propre sagesse ou de notre propre folie [...]. À nous de substituer un esprit de compromis à un esprit de fanatisme [...]. Tant que nous n'aurons pas développé un fanatisme de l'humanité assez puissant pour contrebalancer ou pour absorber nos fanatismes de nationalité, n'allons pas charger nos hommes d'État de nos propres péchés[1]. » À l'âge de l'histoire universelle, cet appel en faveur d'un fanatisme de l'humanité n'a jamais sonné plus juste. C'est bien le fanatisme de l'humanité qui demeure le meilleur antidote aux crises, aux révolutions et aux guerres du XXIe siècle. Et il dépend de chacun d'entre nous de lui permettre de prendre le pas sur la violence et le nihilisme.

1. Élie Halévy, *L'Ère des tyrannies*, *op. cit.*, p. 198-199.

Table

PAPIER À BASE DE
FIBRES CERTIFIÉES

Fayard s'engage pour l'environnement en réduisant l'empreinte carbone de ses livres. Celle de cet exemplaire est de :
0,600 kg éq. CO_2
Rendez-vous sur
www.fayard-durable.fr

Imprimé en janvier 2017 par
CPI

78-4534-1/01